Nicolas Berd......

Dialectique existentielle du divin et de l'humain

Essai

ISBN : 9782379760921

10 9 8 7 6 5 4 3 2 1

Nicolas Berdiaeff

Dialectique existentielle du divin et de l'humain

Essai

Table de Matières

PRÉFACE

« J'ai fondé ma cause sur rien » (« *Ich hab' mein' Sach' auf Nichts gestellt* »), a dit Max Stirner. Je dirai, quant à moi : « Je fais reposer ma cause sur la liberté. » En tant que réalité du monde naturel, la liberté n'est rien, elle n'est pas « quelque chose ». C'est pourquoi j'ai donné à mon premier chapitre le titre : « Méditation non pieuse. » La traditionnelle méditation pieuse ne commence pas par la liberté. En tant que fils de la liberté, je me reconnais la liberté de soumettre à la critique le christianisme historique et je revendique le droit de libre critique de la révélation, comme il y a la critique de la raison pure [1]. Ce livre n'est ni dogmatique, ni théologique, ce qui n'empêche pas que je voudrais avoir le droit de dire qu'il est celui d'un croyant. La philosophie doit s'inspirer non seulement de la connaissance scientifique, mais aussi de l'expérience religieuse. Le scientisme est une philosophie fausse et bornée. Je voudrais exposer dans ce livre tout ce que j'ai éprouvé au cours de ces dernières années : luttes spirituelles intérieures, angoisses et souffrances vaincues et surmontées, espoirs vécus. Ma pensée, centrée sur le commencement et sur la fin, n'admet qu'une seule métaphysique : la métahistoire. Tout ce qui est existentiel est histoire, dynamisme, destin. Tout est histoire : l'homme, le monde, Dieu, le drame qui se déroule. La philosophie que je voudrais exposer est une philosophie dramatique du destin, de l'existence dans le temps tendant à se perdre dans l'éternité, dans le temps se précipitant vers une fin qui n'est pas la mort, mais transfiguration. C'est pourquoi tout doit être envisagé du point de vue de la philosophie de l'histoire. Mais la philosophie de l'histoire elle-même ne peut être que prophétique, révélatrice des mystères de l'avenir.

Je ne crois pas à la méthode phénoménologique, qui peut être féconde en psychologie et nous aider à comprendre le métaphysique et le métahistorique, mais la seule méthode que j'admette, à supposer qu'on puisse l'appeler méthode, est la méthode existentielle-an-

1 Ceci fera l'objet d'un autre livre : *Vérité et Révélation*.

thropocentrique et spirituelle-religieuse. Husserl veut appliquer la méthode phénoménologique à l'étude des essences et Heidegger à celle des existences. Mais cette méthode fait disparaître les existences, et il se produit une objectivation qui cache le mystère de la vie humaine, celui du monde et de Dieu. C'est l'expressionnisme qui est la seule méthode certaine en philosophie. La seule métaphysique possible est la métaphysique prophétique, au sens que donne à ce terme Jaspers, et la métaphysique de grand style a toujours été prophétique. La philosophie existentielle constitue l'expression de mon destin personnel, mais mon destin doit être l'expression de celui du monde et de l'homme en général. Il s'agit, non du passage de l'individuel au général, mais de la découverte intuitive de l'universel dans l'individuel. La philosophie, la métaphysique, au lieu de refléter des réalités objectives, reflètent les transformations qui s'accomplissent dans l'existence, révèlent le sens de l'existence. La métaphysique est l'expression de l'être. La conception du monde change, selon que l'homme est absorbé par le travail économique, par des luttes politiques, selon qu'il se livre à la création artistique ou intellectuelle ou à la contemplation religieuse. Et l'homme lui-même ne comprend les choses que dans la mesure où il est dominé par un sentiment mettant en mouvement tout son être. Ce qu'on appelle « être » exige la participation non seulement de la pensée, de la connaissance, de l'idée, mais du sujet tout entier, de sa sensibilité, de sa volonté et de toute son orientation. C'est ainsi que se créent des mondes différents. La vérité se crée dans le sujet, au lieu d'être une création objective, une donnée extérieure. Notre représentation du monde varie selon que nous sommes jeunes ou vieux, bien portants ou malades, joyeux ou tristes, savants ou ignorants, croyants ou sceptiques. L'existence constitue un point de départ, et non un point d'aboutissement. La vérité résulte d'un acte de liberté, elle est une création. La vérité, dit Kierkegaard, se confond avec le subjectivisme. Dieu ne se révèle qu'à l'unique, ne réside que dans le subjectif. La vérité objective signifie la mort de l'existence. Il y a du vrai dans ces paroles de Kierkegaard, mais elles n'expriment pas toute la vérité, et elles la déforment même parfois. D'après Jaspers, il ne serait possible d'appréhender le transcendant qu'en se plongeant dans les profondeurs de l'immanent. C'est ce que j'ai dit moi-même, dans des termes, il est vrai, quelque peu différents. Le même Jaspers affirme que la situation-limite de l'homme touche à la transcendance. D'après lui, tout ce qui est relatif est objectif, tandis que l'existentiel se situe dans l'absolu. M'écartant en cela de philosophes existentiels tels que Heidegger et autres, j'affirme que l'expérience religieuse, dont l'existence ne saurait être mise en doute, enrichit notre connaissance et éclaire la philosophie. Mais pour se pénétrer de cette vérité, il faut admettre un autre rapport entre la philosophie et la religion que celui généralement admis. La vraie philosophie est hostile à l'abstrait ; elle recherche, au contraire, le concret. C'est à quoi tendait également Hegel, sans y avoir réussi complètement. La dialectique que nous suivons dans ce livre n'est pas une dialectique logique, mais une dialectique existentielle, vitale. Ce qui caractérise ma pensée, c'est son orientation eschatologique, et l'on verra par la suite ce que cela signifie. Ce livre a été écrit à une époque particulièrement pénible de ma vie, tant extérieure qu'intérieure. Il s'y agit de l'existentialisme du sujet créateur. Pour l'écrire et pour ne pas me laisser écraser par les conditions de la vie, il m'a fallu une grande concentration spirituelle.

Chapitre I
Méditation non pieuse Crise du christianisme Critique de la révélation

Il y a deux crises : crise du monde non chrétien et anti-chrétien et crise du monde chrétien, crise propre au christianisme lui-même, cette dernière crise étant plus profonde que la première. Tout ce qui arrive dans le monde et nous fait l'impression de quelque chose d'extérieur, voire de grossièrement matériel, a une source intérieure, spirituelle. On peut dire, dans un certain sens, que le christianisme (nous parlons du christianisme historique) touche à sa fin et que nous ne pouvons plus attendre notre renaissance que de la religion du Saint-Esprit qui sera également la régénération et l'accomplissement du christianisme. La faiblesse du christianisme dans ce monde débordé de mouvements, plein de forces dynamiques, souvent démoniaques, n'est que la faiblesse du christianisme historique et annonce le passage au christianisme eschatologique, orienté vers le monde à venir. C'est le christianisme eschatologique qui sera la religion de l'Esprit, la religion de la Trinité, celle qui remplira toutes les promesses, toutes les espérances, toutes les attentes. Nous vivons dans une sorte d'entr'acte, et c'est ce qui constitue le tourment de notre époque. Le monde traverse une phase où il se sent abandonné par Dieu. Cet abandon du monde et de l'homme par Dieu est un mystère difficile à comprendre et qu'il ne faut pas rationaliser ; c'est un fait mystérieux qui se heurte à la doctrine traditionnelle de la Providence Divine. La crise de la conscience chrétienne est une crise profonde qui atteint l'idée même de Dieu et la manière de comprendre la révélation. Les Chrétiens ont beaucoup à apprendre, une grande leçon à tirer de mouvements qui se présentent comme antichrétiens, de l'athéisme lui-même, car c'est dans ces mouvements que se fait sentir le souffle de l'Esprit. Ce qui, chez l'homme souffrant, se dresse contre Dieu au nom de l'homme n'est rien d'autre que la révolte du vrai Dieu lui-même. La révolte contre Dieu ne peut avoir lieu qu'au nom de Dieu lui-même, au nom d'une idée plus haute de Dieu. Dans la plupart des cas, la révolte contre Dieu, surtout la révolte morale, suppose l'existence de Dieu. En réalité, il n'y a pas d'athées, il n'y a que des idolâtres. Lorsque l'athéisme est dicté par un profond sentiment provoqué par la souffrance, au lieu d'être superficiel et joyeux ou méchant et haineux, il constitue une affirmation de Dieu. La séparation d'avec Dieu rend le monde lourd, et lourdeur signifie, d'après Fr. Baader, absence de Dieu. Or le monde d'aujourd'hui est à la fois très lourd et tout à fait liquide, cette lourdeur et cette absence de densité étant étroitement associées. Il n'y a rien de plus triste que le sort du christianisme, cette religion de la rédemption et de la résurrection. L'idée même de Dieu et de Providence Divine a subi une déformation, on adopta à l'égard de Dieu une attitude servile et on adora, à la place de Dieu, une idole ; on se fit une fausse conception des rapports entre Dieu et la destinée humaine et une notion défectueuse des rapports entre le christianisme et le royaume de César, entre l'Église et l'État ; la conception du christianisme et de la rédemption revêtit un caractère juridique, humiliant qui transforma la vie religieuse en une sorte de procès légal. On faisait dépendre la réception de la révélation du milieu historique qui est sujet à des changements aussi bien en bien qu'en mal.

Nous ne possédons pas encore, jusqu'à ce jour, une critique de la révélation faisant pendant à la critique kantienne de la raison pure et de la raison pratique [1]. Cette critique aurait pour objet de faire ressortir la contribution de l'homme à la révélation. La révélation est en effet bipartite : à la fois divine et humaine. Il y a celui qui se révèle et celui à qui la révélation est faite. Dieu ne se révèle pas à une pierre ou à un arbre. Ou, plutôt, même une pierre, même un arbre réagissent d'une façon élémentaire à l'action de forces supérieures, et ceci est encore plus vrai de l'animal. La révélation affecte une coloration différente, en rapport avec l'état de la conscience humaine, avec les dispositions qui président à l'orientation de l'être humain. On dirait que l'attitude à l'égard de la révélation comporte un certain *a priori*. Si l'infériorité de l'homme n'était compensée par une certaine hauteur, il ne serait jamais parvenu à l'idée de Dieu et n'aurait jamais été capable de recevoir la révélation de Dieu. Ce n'est pas seulement l'idée que l'homme se fait de Dieu qui est colorée d'anthropomorphisme et de sociomorphisme, mais on peut en dire autant de la révélation. Il est vrai que l'homme crée Dieu, comme il créait autrefois *les* dieux, à son image. Mais ce qui importe le plus, c'est que cette image et cette ressemblance se rapprochent le plus possible de l'image et de la ressemblance de Dieu. On est en présence d'une dialectique portant sur deux éléments, et non de l'action que l'un d'eux exercerait sur l'autre de haut en bas. L'homme a créé Dieu à son image et ressemblance, c'est-à-dire bon ou méchant, cruel ou charitable, violent ou libérateur, etc. Des hommes et des groupes d'hommes, des peuples entiers ont adapté le christianisme, comme toutes les religions, à leur propre niveau, en ont fait l'expression de leurs désirs et lui ont imprimé leur propre caractère borné et limité. Ce fut là un beau prétexte pour nier l'existence même de Dieu. Il y a un anthropomorphisme qui consiste à attribuer à Dieu, non des attributs d'humanité, de pitié, un besoin d'amour réciproque, mais, au contraire, un caractère inhumain, cruel, une soif de domination. Ce n'est pas seulement la nature de l'homme qui se révèle dans la vraie humanité, mais c'est Dieu lui-même. On a étendu à Dieu les catégories sociales de la domination et de la puissance, et ce faisant on a usé

---

1 Je prépare un livre qui aura pour titre : *Vérité et Révélation ; Essai d'une critique de la Révélation*, et dans lequel seront exposées en détail des idées que je ne puis développer ici.

d'un mauvais sociomorphisme, car, en vérité, Dieu n'est ni maître, ni seigneur. C'est encore en vertu d'un mauvais cosmomorphisme qu'on applique à Dieu la catégorie de force ; et nous disons que c'est là du mauvais cosmomorphisme, parce que si Dieu est une force, ce n'est nullement au sens naturel de ce mot. Rendre à Dieu un culte, comme s'il était une force, c'est au fond pratiquer l'idolâtrie. Dieu n'est pas davantage Etre, car le considérer comme tel serait lui appliquer une catégorie de la pensée abstraite. Dieu est le non-être supra-étant. Dieu est l'Etant-Existant et non l'Etre. Il est Esprit, mais il n'est pas Etre. La conception de Dieu comme Esprit ayant une existence concrète est le produit d'une profonde expérience spirituelle, et non d'une expérience naturelle et sociale, limitée et objectivée, appliquant à l'idée de Dieu un mauvais cosmocentrisme et un mauvais sociocentrisme. Il ne faut jamais perdre de vue le fait que dans la couche subconsciente de chaque homme, même de l'homme le plus moderne, sommeille l'âme des ancêtres dont la chaîne remonte jusqu'aux temps les plus reculés. Quelles furent donc les croyances de cette âme primitive, croyances au-dessus desquelles seuls quelques élus ont réussi à s'élever ?

 autre forme, celle notamment d'après laquelle les souffrantes humaines seraient nécessaires pour apaiser Dieu. La conception servile de l'homme de jadis s'est transformée en une conception judiciaire de l'expiation, en une assimilation des rapports entre l'homme et Dieu à une sentence prononcée par un tribunal légal. D'après le philosophe hindou contemporain, Aurobindo, la notion d'expiation ou de rachat équivaudrait à celle d'esclavage. Les prophètes des Juifs anciens ont réussi à s'élever au-dessus de la conscience religieuse de leur temps qui exigeait avant tout des sacrifices et voulaient que la vérité occupe la première place dans le cœur humain. Mais l'élément prophétique n'a jamais joué un rôle prépondérant dans l'histoire du christianisme. L'attitude négative qu'elle a toujours observée à l'égard de la conception juridique du christianisme est tout à l'honneur de la pensée religieuse russe du XIXᵉ siècle. La conscience humaine d'un niveau bas concevait le christianisme comme une religion très cruelle. On peut rattacher cette conception du caractère cruel du christianisme à l'ascèse syrienne ; on en retrouve les éléments dans le monachisme fondé sur la « philocalia », chez saint Augustin, dans la doctrine catholique officielle, dans le calvinisme, dans la doctrine de la prédestination et dans celle de l'enfer. Les adversaires du christianisme étaient fondés à croire que la venue du Christ n'a fait qu'empirer la situation de l'homme. La séparation des hommes en deux races : celle des élus et celle des damnés, est contraire à l'esprit de l'Évangile qui a d'ailleurs subi, lui aussi, des déformations de la part du milieu humain qui l'avait adopté. Lorsque l'homme lui-même est une bête sauvage, il est incapable de se représenter Dieu autrement que comme une bête sauvage. L'homme humain se représente Dieu comme étant aussi humain que lui. La conception d'un Dieu inhumain est une survivance des anciens âges obscurs, et c'est elle qui a provoqué la déclaration et l'affirmation d'une nouvelle humanité. A mesure qu'il s'élève en dignité, l'homme s'accommode de moins en moins d'une religion de terreur, de vengeance, d'enfer, s'incline de moins en moins devant les justifications religieuses des cruautés qui s'accomplissent sur la terre. C'est ainsi que la connaissance de Dieu subissait une purification de plus en plus grande. Ce fut déjà un grand pas en avant que le passage des Juifs au monothéisme. Mais le monothéisme pur, auquel le judaïsme tenait tant, concevait encore Dieu comme un monarque et un despote. Seul le Dieu qui s'est révélé dans le Fils, dans le Dieu-Homme, cesse d'être un monarque despotique, pour devenir Dieu d'amour et de liberté. C'est la révélation de Dieu en esprit et en vérité. Le trinitarisme signifie le dépassement de la conception monarchique de Dieu, conception qui se représentait Dieu comme un monarque oriental, par extension à Dieu du rapport sociologique de domination. Mais lente, trop lente est la disparition des anciennes croyances d'esclaves. Il convient de noter que la conception juridique des rapports entre l'homme et Dieu n'existe pas dans la philosophie religieuse hindoue, ce qui correspond à son monisme. La notion de Dieu statique chez Shankara est dynamique chez Eckhardt [1] : c'est le dynamisme chrétien [2].

On se représente la divinité soit sous un aspect social, celui de seigneur, de roi, de père, soit sous un aspect dynamique : force, vie, lumière, esprit, vérité, feu. Seule cette dernière forme de représentation est digne et de Dieu et de l'homme. Mais ceci suppose un énorme changement de notre conscience de Dieu et qui sera un

1 Cf. Rudolf OTTO : *West-Œstliche Mystik.*
2 J'ai eu un jour la révélation de ce fait pendant le sommeil.

changement libérateur. Il n'est pas facile de réveiller l'homme pour le délivrer de ses anciens cauchemars, par lesquels le « moi » tyrannisait et lui-même et Dieu, d'où la crucifixion de Dieu. Le « moi » fut fatal aussi bien à lui-même qu'à Dieu [1]. On ne saurait trop insister sur le fait que Dieu est une réalité qui ne ressemble en rien aux réalités naturelles et sociales. Dieu est Esprit, il est Liberté et Amour. Il ne se révèle d'une façon définitive que dans l'acte créateur de l'esprit ; c'est dans cet acte créateur que Dieu se réalise. La naissance de Dieu, son émergence à la vie s'effectue au cours de l'acte créateur de l'esprit, cet acte créateur étant celui par lequel nous acquérons la connaissance de Dieu, celui par lequel nous éprouvons Dieu. La vieille doctrine, d'après laquelle Dieu aurait créé l'homme pour sa propre glorification, cette doctrine, disons-nous, doit être abandonnée, comme étant à l'usage d'esclaves, comme rendant l'homme et le monde dépourvus de sens. L'existence de l'homme et du monde exalte la grandeur de Dieu, le rend plus grand que si l'homme et le monde n'existaient pas. Amiel dit de Dieu qu'il est le grand Inconnu incompris. Et d'après L. Bloy, Dieu serait le martyr solitaire et incompris. Ces deux auteurs comprenaient Dieu mieux que ne le comprennent les théologiens. La théologie apophatique a toujours raison contre la cataphatique, car elle est la seule qui respecte le mystère divin, sans avoir pour cela quoi que ce soit de commun avec l'agnosticisme. C'est en cela que réside la grande vérité de la mystique qui comprend la communion avec Dieu mieux que les théologiens. Tout ceci rend nécessaire une révision radicale de la doctrine traditionnelle de la Providence Divine, doctrine qui, en rendant impossible toute théodicée, a fini par donner naissance à l'athéisme. Dieu se révèle au monde et à l'homme, mais il se révèle en Esprit et, s'il gouverne le monde, ce n'est pas au sens que le monde attache à ce mot. La doctrine traditionnelle de la Providence qu'on répète en se servant de mots conventionnels, sans en approfondir le sens, est incompatible avec le fait de l'existence du mal et des souffrances humaines. Comment pourrait-on croire à la doctrine traditionnelle de la Providence et du gouvernement divin en présence de ce monde phénoménal, déchiré, asservi, soumis à la nécessité, et dans lequel on chercherait en vain l'intégralité du cosmos ? On nous avait bien dit que Dieu est en tout. Mais Dieu

1 Cf. R. OTTO : *Das Heilige*. On trouve dans ce livre des idées intéressantes sur la moralisation, la rationalisation et la spiritualisation du *sacré*.

est-il présent dans la peste et le choléra, dans les assassinats et les meurtres, dans la haine et la cruauté, dans la violence, dans le mal et dans les ténèbres ? La fausse doctrine de la Providence a engendré le culte servile de la force et de la puissance, l'apothéose du succès dans ce monde-ci et a abouti, en fin de compte, à la justification du mal. A tout cela s'oppose le sentiment tragique de la vie. Dieu est présent dans la Liberté et dans l'Amour, dans la Vérité, la Justice et la Beauté. Et il assiste au mal et à l'injustice, non comme un juge et un vengeur, mais comme une conscience qui apprécie et évalue. Dieu est celui auprès duquel on peut se réfugier, pour échapper aux horreurs, aux laideurs, aux cruautés du monde. Dans le troublant problème posé par le marxisme il y avait une grande part de vérité, mais la manière dont il a résolu ce problème est tout à fait erronée. Il ne se rendit pas compte de la progressivité de la révélation et de sa réfraction à travers le milieu humain, borné et cruel [1].

Voici comment on peut résumer la philosophie fondée sur la reconsidération de la valeur de la doctrine de la Providence : il faut se garder d'appliquer à Dieu des notions élaborées en vue du monde phénoménal, et valables seulement pour ce monde. La Providence ne manifeste pas son action dans l'ensemble du monde phénoménal, et c'est seulement en ayant recours à des artifices extraordinaires qu'on prétend découvrir ses manifestations. Notre monde est plein de choses irrationnelles, injustes, dépourvues de sens. Mais le grand mystère consiste justement en ceci qu'il est possible de découvrir dans la destinée individuelle de chaque homme la main de Dieu et un sens, bien que celui-ci échappe à toute rationalisation. Pas un cheveu ne tombe de la tête de l'homme, sans que Dieu le veuille. Ceci est vrai non seulement au sens élémentaire, mais d'une vérité plus profonde, et cela malgré que l'intervention de la Providence divine ne soit pas visible dans ce monde plongé dans le mal. Cela se rattache à la question des rapports entre l'individuel et le général. Averroès croyait, au contraire, que Dieu s'intéresse uniquement au général, qu'il préside aux lois du monde et de l'espèce et se désintéresse de l'individu et de l'individuel. Il croyait que si Dieu s'intéressait au particulier, il se trouverait sans cesse en présence de nouveautés, ce qui serait contraire à la représentation d'un Dieu immobile et pétrifié. Notre monde subit l'ac-

---

1 HARNACK : *Marcion : Das Evangelium vom fremden Gott.*

tion non seulement de Dieu, mais aussi de la fatalité, de la nécessité, du hasard. Lorsque le monde se détourne de Dieu et que Dieu abandonne le monde, c'est le *fatum* qui continue son action. Les moments et les époques où les hommes se détournent de Dieu ont des conséquences fatales pour la vie humaine. Du fait d'une fausse orientation imprimée à la liberté, l'homme et le monde tombent sous la dépendance d'une nécessité inéluctable. Or le hasard, qui joue un rôle si important dans la vie humaine, rend l'homme désemparé et impuissant dans ce monde pluraliste, où se déroule l'action d'innombrables forces insaisissables, échappant à toute rationalisation. Un accident malheureux, qui nous apparaît dépourvu de sens et cruel, signifie justement que nous vivons dans un monde déchu qui n'est pas régi tout entier par la Providence Divine. Mais cet accident malheureux peut revêtir un sens profond pour ma destinée, enracinée dans le monde phénoménal. La croyance que tout ce qui m'arrive a un sens ne peut être exprimée, comme le fait le rationalisme théologique, dans un système cosmologique. Il ne faut jamais perdre de vue que Dieu est Esprit, qu'il n'est ni substance, ni force, ni puissance. Dieu est Esprit, c'est-à-dire Liberté. Dire que Dieu est Esprit, c'est le penser apophatiquement par rapport aux réalités du monde naturel et social. La notion courante de Providence est empruntée à ce que nous savons du gouvernement de l'État. Dieu y est conçu comme un autocrate, comme un chef d'État absolu. Il importe avant tout et par-dessus tout de renoncer aux survivances de l'ancienne idolâtrie, car l'idolâtrie peut avoir pour objet non seulement des idoles proprement dites, mais Dieu lui-même. Renoncer à l'idolâtrie de Dieu, c'est débarrasser la révélation des mauvais apports humains, c'est se délivrer de croyances et d'idées religieuses faites pour des esclaves.

Le christianisme parle de la crucifixion de Dieu, qui fut une tentation pour les Juifs, une folie pour les Hellènes. Mais cette grande idée des souffrances et de la mort de Dieu, la conscience humaine l'a déformée par l'apport de notions empruntées à un monde social déchu et aux rapports qui y règnent. C'est aussi bien pour Dieu que pour l'homme une conception humiliante de la signification expiatrice du sang que celle d'après laquelle le Christ aurait souffert à cause de nos péchés, Dieu ayant sacrifié son Fils pour effacer nos péchés, etc. D'après cette conception, le péché originel ne serait que la conséquence d'une désobéissance. On a encore formulé d'autres idées absurdes, comme celles, par exemple, d'après laquelle il serait possible de faire injure à Dieu. On faisait ainsi reposer la rédemption sur l'idée de la justice vindicative [1]. À entendre J. de Maistre, l'homme vivrait sous une puissance irritée, et cette irritation ne pourrait être apaisée que par un sacrifice ; il admet en outre que l'innocent peut expier pour le coupable, que la purification ne peut se faire que par le sang et que les souffrances de l'innocent sont agréables à Dieu [2]. À l'opposé de cette conception de la rédemption se trouve celle, plus élevée, dite physique ou mystique (Saint Athanase le Grand). La connaissance de Dieu purifiée doit reconnaître le caractère mystérieux, inconcevable du Dieu crucifié, c'est-à-dire du Dieu souffrant. Dans les cultes totémiques, le sacrifice était un moyen de communication avec le sacré. C'était, pour ainsi dire, le sacrifice qui créait le sacré. Cette manière de voir impliquait déjà un pressentiment vague, obscur du mystère, pressentiment qui devait prendre une forme définie à la suite de la mort du Christ sur la croix. Mais même au sein du christianisme ce qu'il y avait d'obscur dans l'antiquité primitive n'était pas encore complètement dissipé. Le côté paradoxal de la religion en général, et de la religion chrétienne en particulier, consiste en ce que la promesse de salut implique en même temps une menace de perdition. Le christianisme fut considéré comme un traquenard. On a fait de la menace de perdition le principal moyen de direction religieuse des hommes et des sociétés humaines. Bossuet, dans ses discussions avec Fénelon, qualifia d'hérésie la révélation de l'amour désintéressé de Dieu. On assistait au triomphe de l'utilitarisme théologique. On croyait souvent devoir défendre Dieu, alors que c'est l'homme qu'il fallait défendre. Une foi forte, une religiosité passionnée ont revêtu dans l'histoire une double forme : d'une part, celle de l'aspiration à la perfection, à l'amour du Royaume de Dieu ; d'autre part, celle des impitoyables et fanatiques persécutions des adeptes d'autres religions. A ces deux expressions de la foi correspondent deux manières de concevoir Dieu. Seule la conception apophatique de Dieu rend possibles la victoire définitive sur les ténèbres et la joie. Mais les doctrines théologiques, contaminées par les conceptions

---

1 Cf. Jean RIVIÈRE : *Le dogme de la Rédemption* ; cet ouvrage contient un aperçu de toutes les théories de la Rédemption.
2 J. DE MAISTRE : *Sur les délais de la Justice Divine.*

du monde ancien, sont faites pour inspirer des idées sombres. Le purgatoire, le paradis, l'enfer, tout cela est étranger à la religion chrétienne. Pour vérifier vos notions sur Dieu, pensez à un Dieu tout-puissant qui aurait décrété que le bien suprême consiste dans la souffrance éternelle des créatures. Pourriez-vous accepter un Dieu pareil ? L'acceptation de la théorie de la prédestination de Calvin ne peut s'expliquer que par l'état d'extrême frayeur dans lequel vivaient les hommes. Une conscience plus élevée et plus pure ne peut pas ne pas reconnaître l'humanité de Dieu, car celui qu'on nomme Dieu, tout en le traitant comme une idole, est en réalité le diable, et non Dieu. La compréhension de Dieu repose, comme celle du monde, sur un jugement de valeur, et tout jugement de valeur implique une activité créatrice.

On trouve chez Kierkegaard un passage remarquable sur l'attitude à l'égard de Jésus-Christ [1]. L'appel à ceux qui peinent et sont accablés fut celui d'un Christ kénétique, et non celui d'un Christ glorieux. Mais l'Église chrétienne ne veut pas reconnaître un Christ mystique, pas plus qu'elle ne veut reconnaître que le Christ était notre contemporain, fait auquel Kierkegaard tient le plus. Le Christ était dans le monde *incognito*, et ce fut là sa *kénésis*. C'est pourquoi son acceptation exige la foi, c'est-à-dire la liberté. La reconnaissance directe de l'Homme-Dieu, en dehors de toute possibilité de tentation, eût été celle d'une idole. Le Christ parle seulement dans l'humiliation, et non dans l'élévation. D'après Kierkegaard, le jour où l'Église est devenue glorieuse sur la terre a été le jour de sa perte. Le Christ considérait la souffrance comme un triomphe. En quoi il faut l'imiter, au lieu de s'extasier devant lui et l'adorer. Je dirai même que ce n'est pas seulement le Christ, mais que c'est aussi Dieu qui séjourne dans le monde *incognito*, et c'est à cela qu'est due la liberté de l'homme. C'est en quoi consiste le caractère mystérieux de la révélation. Mais on a voulu la dépouiller de ce caractère mystérieux et la rendre obligatoire. Et l'athéisme représente l'aspect opposé de la négation du mystère et de la divine kénésis. L'homme est incapable de nier des choses visibles, qui s'imposent à son acceptation, et il s'incline devant leur réalité, mais il est capable, ou se croit capable, de nier la réalité de Dieu. L'homme dispose de toute liberté dans l'expérience de la

---

1 KIERKEGAARD : *L'École du Christianisme*.

négation de Dieu, et ce sont la kénésis et l'incognito de Dieu qui lui assurent cette liberté. L'athéisme n'est qu'une des expériences dont se compose la vie de l'homme, un moment dialectique de la connaissance de Dieu. Le passage par le stade de l'athéisme peut signifier l'épuration de l'idée de Dieu, la délivrance de l'homme du mauvais sociomorphisme. Mais il y a deux types d'athées : l'athée qui souffre et l'athée rageur. Je ne parle pas de ceux qui sont athées par légèreté d'esprit, d'athées superficiels. Dostoïevski nous a peint des athées souffrants. Nietzsche fut un athée souffrant. Mais il y a des athées agressifs et suffisants qui répètent : remercions Dieu de ce qu'il n'y a pas de Dieu. L'athéisme de l'homme souffrant est une variété d'expérience religieuse, et même de piété. L'athéisme agressif signifie généralement que l'homme a succombé à l'épreuve des souffrances incalculables du monde et des hommes : c'est là un type d'athéisme inférieur à celui de l'athéisme souffrant, mais il constitue avant tout une révolte contre les fausses et humiliantes idées qu'on professe sur Dieu. Aussi les croyants auraient-ils tort de traiter les athées de haut : ils feraient bien mieux de chercher à comprendre les expériences d'autrui et leurs épreuves, et cela d'autant plus que beaucoup de croyants ont souvent acquis leur foi trop facilement. Feuerbach fut un athée pieux, et il a beaucoup contribué à épurer la conception humaine de Dieu. L'homme, la société, le monde peuvent passer par des phases de séparation d'avec Dieu, ce qui, dans la conscience bornée des hommes, peut se refléter sous la forme de l'athéisme. Les hommes ne peuvent pas facilement supporter l'incognito de Dieu, la kénésis du Christ. Ils voudraient que Dieu, le Dieu-Homme soit revêtu d'une grandeur royale. Ils commencent par rationaliser, par adapter la Providence Divine à leur niveau. Après quoi ils se révoltent contre leurs propres fausses idées et deviennent athées. Dans le premier cas ils n'étaient pas plus près de Dieu que dans le second.

Il est arrivé à la révélation, qui est un phénomène fondamental de la vie religieuse, la même chose qu'à toutes les autres manifestations de l'Esprit : elle a subi l'objectivation [1]. Il est juste de reconnaître que la révélation n'aurait pas pu remplir un rôle social, devenir une force motrice de l'histoire, si elle n'avait pas été objectivée, c'est-à-dire socialisée, adaptée au niveau des masses. On se trouve

1 Cf. mon livre : *Création et objectivation. Essai d'une métaphysique eschatologique* (en russe).

là en présence d'une contradiction qui ne saurait être résolue dans les limites du monde phénoménal. Tout en étant une déformation de la spiritualité, l'objectivation est un processus nécessaire à la réalisation des destinées de l'humanité et du monde, à la marche vers le règne de l'Esprit. Mais ce processus doit s'accompagner de la dénonciation des illusions et des déformations qu'entraîne l'objectivation, autrement dit il doit s'accompagner d'une épuration. C'est cette mission qui incombe au côté prophétique de la religion et de la philosophie. Contrairement à ce que font toujours les traités de théologie, la révélation ne doit pas être comprise dans le sens du réalisme naïf. La révélation ne s'abat pas du dehors sur la tête de l'homme, elle ne révèle aucune réalité objective. La critique philosophique de la révélation, qui n'existe pas encore, devra être avant tout une critique de ce réalisme naïf, de même que la critique kantienne de la raison a été une mise à nu des illusions du réalisme naïf. Le jour où cette critique sera faite, nous serons définitivement délivrés des illusions du naturalisme religieux et métaphysique. Au fond, la critique de la révélation qui s'était poursuivie au cours de ces derniers siècles, a eu pour conséquence le triomphe définitif du naturalisme et la répudiation de Dieu, de l'Esprit, de la religion. Or, la critique de la révélation, telle que je la conçois, doit avoir pour effet d'assurer le triomphe de la spiritualité, la suppression de toutes les déformations naturalistes et matérialistes qui pèsent sur l'Esprit. Dieu n'est pas un objet, une chose : il est Esprit. Il n'est pas d'objectivation qui puisse faciliter la communion avec le mystère de l'Esprit, ce mystère ne se manifestant dans aucun objet : un objet ne peut être qu'une représentation symbolique de l'Esprit, mais ne révèle jamais sa réalité. La révélation est un événement que l'Esprit fait naître dans mon for intérieur, un événement vécu par le sujet, une expérience spirituelle, un fait de la vie spirituelle. L'interprétation intellectualiste de la révélation, qui trouve son expression dans la dogmatique, constitue justement son objectivation, son adaptation au niveau de la conscience moyenne, dite normale. Mais les événements de l'Esprit, qui sont décrits dans l'Écriture, les manifestations de l'esprit dans la vie des apôtres et des saints n'avaient rien d'intellectuel : c'était autant de manifestations de la nature spirituelle de l'homme dans sa totalité. C'est ainsi que la doctrine intellectualiste, rationaliste de Dieu conçu comme acte pur, doctrine qui a joué un rôle si important dans la scolastique catholique, a pour source, non pas la Bible et la révélation, mais la philosophie d'Aristote. Cette doctrine, faite soi-disant pour satisfaire la raison abstraite, transforme Dieu à un objet immobile, le dépouille de toute vie intérieure, de tout dynamisme [1]. Mais Dieu est Vie ; Vie, et non Etre, au sens rationaliste de ce mot. L'Etre est déjà secondaire, et non primordial, il ne se manifeste qu'après la séparation entre le sujet et l'objet ; il est déjà un produit de la pensée, de la rationalisation. Sous ce rapport, la philosophie religieuse de l'Inde est plus élevée et plus profonde que la philosophie ontologique de l'Occident, trop attachée aux catégories d'Aristote [2]. La description intuitive est le seul mode de description adéquat de l'expérience spirituelle. C'est elle qui nous montre l'homme collaborant activement avec Dieu à la révélation, c'est elle qui nous découvre le caractère à la fois divin et humain de celle-ci. Le phénomène religieux a un double aspect : il nous révèle à la fois Dieu dans l'homme et l'homme en Dieu, la nostalgie qui pousse l'homme à se rapprocher de Dieu et celle qui pousse Dieu à se rapprocher de l'homme. Cette nostalgie que Dieu éprouve à l'égard de l'homme, la théologie traditionnelle la nie, par crainte d'attribuer à Dieu une vie affective, passionnelle. Elle estime en effet que la perfection, pour être accomplie, n'a pas besoin d'éléments affectifs, et elle préfère la perfection pétrifiée. Dans cette conception, les rapports entre l'homme et Dieu cessent d'être un drame dans lequel se trouvent engagés deux facteurs et qui se résout dans un troisième. La révélation est un acte créateur de l'Esprit, elle porte un caractère à la fois théogonique et anthropogonique. Seules la mystique, qui a trouvé un autre langage, et la théosophie chrétienne ont réussi à s'élever au-dessus de la conception naïvement réaliste de la révélation et de la conception rationaliste et naturaliste de Dieu. Et c'est peut-être au grand théosophe mystique J. Bœhme qu'il a été donné de trouver l'expression symbolique la plus réussie des mystères de la vie divine. C'est que l'expression de l'expérience spirituelle ne peut être que symbolique, jamais notionnelle. Or, la philosophie critique doit s'attacher à bien comprendre le caractère symbolique

---

1 C'est ce qu'a fort bien compris Fr. BAADER.
2 Cf. l'ouvrage d'AUROBINDO, le plus intéressant des philosophes hindous contemporains : *L'Isha Upanishad* et le *Bhagavad Gita*. Voir également l'ouvrage récent de D. LACOMBE : *L'Absolu selon le Vedânta*.

du langage dont se sert la métaphysique religieuse. Cependant, le problème le plus important de la critique de la révélation est moins un problème de métaphysique que de métahistoire.

Le problème des rapports entre la révélation et l'histoire occupe en effet une grande place dans la critique de celle-là. Le christianisme est une révélation de Dieu dans l'histoire, et non dans la nature. La Bible contient le récit de la révélation de Dieu dans l'histoire. Le mystère du christianisme est lié à l'Incarnation de Dieu. On dit communément que le christianisme est la révélation, non d'un Esprit abstrait, mais d'un Esprit s'activant dans l'histoire : c'est Dieu qui fait son entrée dans l'histoire, c'est la métahistoire qui s'introduit dans l'histoire. L'apparition de Jésus-Christ est un phénomène historique, un fait historique qui s'est produit dans le temps. Mais ceci nous met en présence d'un problème des plus compliqués que l'exégèse biblique et les recherches de la science historique sur le christianisme ont rendu particulièrement aigu. Le christianisme se formait et se cristallisait, alors qu'on acceptait encore de confiance les mythes et les légendes comme correspondant à des réalités, alors que la critique historique et la science de l'histoire n'existaient pas encore. Ma foi, dont dépendent mon salut et ma vie éternelle, peut-elle dépendre de faits historiques, sujets à contestations ? Comment ma foi peut-elle rester intacte en présence des résultats obtenus à la suite de recherches historiques qui, utilisant des faits et matériaux précédemment inconnus, montrent que les événements dont parle la Sainte Écriture n'ont pas eu lieu, que ce sont des mythes et des légendes, des doctrines théologiques, œuvre de la communauté des croyants chrétiens ? L'histoire officielle de l'Église n'admet pas la légitimité d'un pareil problème, parce que, d'après elle, la critique ne doit pas toucher aux choses sacrées. On sait à quel point cette manière de voir a contribué à la falsification de l'Histoire. Mais la religion de l'Esprit doit reconnaître qu'il n'y a pas de religion qui passe avant la vérité, car Dieu est Vérité et ne peut être connu qu'en Esprit et ne se manifeste que dans la Vérité. Cela signifie que « révélation historique » est une notion contradictoire, qu'elle est le produit du matérialisme religieux et correspond à des phases de révélation déjà dépassées. Il n'y a qu'une seule révélation : c'est la révélation spirituelle, la révélation en Esprit, et quant à la révélation historique, elle représente la symbolisation dans le monde historique phénoménal d'événements se déroulant dans le monde historique nouménal. Mais le mystère consiste justement en ce que les événements nouménaux font irruption dans le monde phénoménal, que le métahistorique se trouve mêlé au monde historique, qu'il n'y a pas de rupture absolue entre ces deux plans. Mais lorsque la métahistoire fait son entrée dans l'histoire, elle ne se manifeste pas seulement dans celle-ci, mais s'adapte aussi aux étroites limites du temps et de l'espace historiques. Elle est comme une lumière éclairant un milieu obscur. Le Dieu infini parle une langue humaine disposant de moyens limités, dans les étroites limites des circonstances d'une époque donnée et des conditions d'un peuple donné. La révélation cache en même temps un mystère, c'est-à-dire est à la fois ésotérique et exotérique. La critique historique scientifique doit procéder en toute liberté, son travail ne pouvant exercer sur la conscience chrétienne qu'une action purificatrice et libératrice. Mais la critique historique est incapable de résoudre un problème religieux ou spirituel quelconque ; elle comporte des limites qu'en principe elle ne doit ni ne peut dépasser. On aperçoit nettement ces limites, lorsqu'on examine la théorie dite mythologique qui nie l'existence de Jésus [1]. Très contestable au point de vue historique, la théorie mythologique a du moins été utile en ce sens qu'elle nous a révélé les limites de la critique historique. Ce que l'on appelle le « Problème de Jésus », loin de pouvoir être résolu à l'aide de recherches historiques, reste insaisissable. Nous ne possédons pas suffisamment de données historiques pour pouvoir écrire la biographie de l'homme Jésus. Et, du point de vue religieux il ne saurait en être autrement [2]. C'est un mystère qui, invisible dans l'histoire pour qui la regarde du dehors, s'est révélé dans l'expérience religieuse de la communauté chrétienne. La solution du « problème de Jésus » se trouve aux confins du plan historique et du plan métahistorique. Mais pour la science historique le méta-historique existe, non comme réalité, mais en tant que croyances

1 Cf. GUIGNEBERT : *Le problème de Jésus* ; M. GOGUEL : *Jésus de Nazareth* ; COUCHOUD : *Le mystère de Jésus* ; A. DREWS : *Die Christusmythe* ; BATIFFO-LI : *Orpheus et l'Évangile* ; A. SCHMEITLER : *Geschichte der Leben-Jesu-Forschung*. Rappelons encore le livre de D. STRAUSS : *Das Leben Jesu*, qui a fait beaucoup de bruit à l'époque de son apparition.
2 Très curieux sous ce rapport est le dernier livre de GUIGNEBERT : *Le Christ*. C'est un aveu d'impuissance.

et idées de sociétés constituées en églises. L'erreur de l'époque, qui ignorait encore la science de l'histoire et la critique historique, avait consisté à considérer l'historique comme étant méta-historique, c'est-à-dire sacré, et pour cette raison les apports humains et les déformations dues à l'intervention humaine étaient, à leur tour, considérés comme faisant partie intégrante de la révélation divine. Ceci ressort d'une façon toute particulière de la Bible qui est toute pénétrée de lumière religieuse et remplie de manifestations d'ordre religieux, mais aussi de phénomènes historiques ordinaires et de déformations dues à la conscience bornée du peuple juif. La manière dont le peuple juif concevait Dieu était le produit de la conscience encore obscure de ce peuple, et seuls les prophètes ont fait un effort pour s'élever au-dessus de celle-ci. Et l'Évangile lui-même, qui contient le récit d'événements méta-historiques, porte le cachet de la langue et des notions bornées du peuple juif à un moment donné de son existence, l'éternelle lumière divine ne s'y manifestant que par éclairs. La Bible et l'Évangile qui se sont formés historiquement présentent le caractère borné et confus de tout ce qui est historique, mais on y trouve également des éléments méta-historiques. Il n'y a pas d'autorité historique, mais c'est le métahistorique qui, du fait de son incorporation à l'historique, donne un sens à celui-ci. La révélation chrétienne, en même temps qu'elle manifestait son action dans l'histoire, subissait des déformations au cours de l'histoire. C'est à cela qu'est due la complexité des rapports entre le divin et l'humain, des actions qui ont eu lieu entre Dieu, la liberté humaine et la nécessité. La révélation infinie se manifeste bien dans le fini, mais le fini ne peut pas contenir tout l'infini. L'homme n'est pas une créature statique, formée une fois pour toutes et ne se prêtant à aucun changement. Il est un être dynamique, créateur, en voie de développement incessant et qui porte en lui l'Infini. La conscience humaine change d'étendue, elle peut s'élargir et se rétrécir, gagner en profondeur ou devenir superficielle, et c'est pourquoi la révélation se manifeste par degrés et n'est jamais complète. Mais la possibilité d'une affirmation infinie de l'Esprit et du monde spirituel est hors de doute. La cristallisation du fini déforme la perspective non seulement du futur, mais aussi du passé. Une conscience bornée, rétrécie et superficielle, la conscience de l'homme moyen, de l'homme de la quotidienneté reçoit la révélation d'une manière conforme à sa nature. Contester la possibilité d'une nouvelle révélation, d'une révélation continuée et d'accomplissement, c'est se contenter d'une conception statique de l'homme, c'est admettre qu'il reçoit l'affirmation d'une façon purement passive. Or, la révélation est théoandrique.

l'Église a pris la place du royaume de Dieu, lorsque le christianisme, devenu historique, commença à s'adapter à ce monde-ci, au royaume de César. Peu nombreux furent ceux qui, dans le « christianisme historique », attendaient encore une nouvelle révélation du Saint-Esprit, et encore en avaient-ils une idée déformée. Le côté prophétique du christianisme s'effaçait de plus en plus, jusqu'à disparaître complètement. Le christianisme historique reçut une organisation fondée sur des dogmes et sur l'autorité. L'Église historique fut déclarée comme étant le préliminaire de l'avènement du royaume de Dieu. L'idée du royaume de Dieu, dont l'Évangile est pénétré, est une idée prophétique. « Que ton règne arrive. » Or, le royaume de Dieu n'existe pas encore, et rien ne ressemble moins au royaume de Dieu que notre monde. Ce royaume, on ne peut le penser qu'eschatologiquement. L'impuissance du christianisme historique que nous voyons aujourd'hui est déterminée et s'explique par l'affaiblissement de l'esprit prophétique, à la place duquel nous trouvons un esprit pétrifié, sacramental et sacerdotal. L'attente d'une nouvelle révélation du Saint-Esprit est entrée dans la profondeur, dont il sera encore question dans le dernier chapitre de ce livre. Ici, ce problème ne m'intéresse que du point de vue de la critique de la révélation. On ne saurait trop insister sur le fait que la révélation est théoandrique, que le christianisme est une religion théoandrique et suppose la croyance non seulement en Dieu, mais aussi en l'homme, l'activité non seulement de Dieu, mais aussi de l'homme. C'est seulement si l'on est bien pénétré de cette vérité qu'on est à même de comprendre les destinées tragiques du christianisme au cours de l'histoire. Ainsi que le dit avec tant de raison Fr. Baader, l'homme a voulu être homme sans Dieu, mais Dieu n'a pas voulu être Dieu sans l'homme, et c'est pourquoi il est devenu Homme lui-même. Il faut se garder de confondre l'idée de la révélation continuée avec l'idée de Lessing sur l'éducation religieuse de l'homme. Il existe une dialectique existentielle très complexe du divin et de l'humain, et c'est dans la pensée allemande qu'elle se manifeste avec une netteté toute particulière.

Chapitre II
La dialectique du Divin et de l'Humain d'après la pensée allemande Signification de Nietzche Dialectique du trinitarisme

Le thème de la théoandrie est le thème fondamental du christianisme. A ce terme de théoandrie qui était cher à Vl. Soloviov, je préférerais, quant à moi, celui de théoandrisme. Le christianisme est en effet anthropocentrique. Il annonce la délivrance de l'homme des forces, des puissances et des esprits cosmiques. Il suppose la foi non seulement en Dieu, mais aussi en l'homme, et c'est par là qu'il diffère du monothéisme abstrait du judaïsme et de l'Islam, ainsi que du brahmanisme. On peut dire sans hésitation que le christianisme est une religion non monothéiste et monarchique, mais théoandrique et trinitaire. Mais la dialectique vitale des rapports entre Dieu et l'homme fut tellement compliquée que l'humain se trouva abaissé et humilié au cours de l'histoire du christianisme. Au cours des destinées historiques du divin-humain, ce fut tantôt le divin qui absorbait l'humain, tantôt l'humain le divin. Le dogme même de l'humanité divine de Jésus-Christ était l'expression de ce mystère de l'union des deux natures, divine et humaine, union n'impliquant ni mélange, ni identité : il était l'expression symbolique du mystère. Mais la tendance monothéiste et monarchique a toujours existé dans l'histoire chrétienne et y a même souvent joué un rôle prédominant. Dans mon livre : *Le Sens de l'acte créateur*, écrit il y a bon nombre d'années, je disais qu'au dogme christologique doit correspondre une nouvelle anthropologie : la christologie de l'homme. Mais cette anthropologie ne pourra atteindre son plein développement qu'à l'avenir. Une vraie anthropologie chrétienne n'a encore jamais existé. Parmi les Pères de l'Église, ce fut saint Grégoire de Nysse qui s'en rapprocha le plus ; plus philosophe que tous les docteurs de l'Église, il essaya de relever la dignité de l'homme [1]. Mais il fut peu suivi. Seul le christianisme enseigne

---

1 Cf. deux livres récents écrits par des catholiques consacrés à Saint Grégoire de Nysse : Hans VON BALTHASAR : *Présence et Pensée. Essai sur la philosophie reli-*

que Dieu se fit homme [1]. L'abîme qui séparait l'homme de Dieu se trouve ainsi comblé. Il y a révélation de l'humanité de Dieu, révélation non seulement du divin dans l'humain, mais aussi de l'humain dans le divin. En pensant jusqu'au bout le fait de l'humanité du Christ, on est obligé de reconnaître que la deuxième personne de la Trinité est l'homme pré-éternel. Or ce mystère ne signifie nullement qu'il faille admettre l'identité de l'homme et de Dieu, ce qui équivaudrait, à proprement parler, à la négation rationaliste du mystère. C'est aux premiers siècles du christianisme, siècles de discussions dogmatiques et d'élaboration de formules dogmatiques, destinées à exprimer symboliquement les événements du spirituel, que la question des rapports entre le divin et l'humain a donné lieu à une dialectique fort compliquée. C'est à ce thème que se rattachent des hérésies telles que l'arianisme, le monophytisme, le monophilytisme, le nestorianisme, qui sont toutes des hérésies du théoandrisme. Les discussions tournaient autour du problème christologique, c'est-à-dire autour des rapports des deux natures dans le Christ. Mais le problème est plus vaste et plus profond, puisqu'il touche aux rapports entre le divin et l'humain en général. Admettons que le problème ait été résolu dès les premiers siècles et qu'on ait alors découvert la forme qu'affectent les rapports entre le divin et l'humain dans la personne du Christ, et cela en se plaçant au delà du monisme et du dualisme : il n'en reste pas moins qu'à l'époque actuelle du monde (et je parle ici d'époque spirituelle) la question se pose autrement, avec une acuité jamais connue auparavant, et notamment comme la question de l'homme envisagé sous un aspect que l'époque patristique ne connaissait pas, aspect qui implique un changement de la conscience de Dieu elle-même, en ce sens que celle-ci est considérée comme étant sous la dépendance des variations de la conscience de l'homme. La nouvelle conscience s'est révélée dans la liberté, dans la recherche et dans la séduction de la liberté, en même temps que comme conscience de l'esclavage par la liberté, et cette conscience se montra d'une acuité et d'une profondeur que les âmes chrétiennes de jadis ne connaissaient pas. L'âme humaine ne devint pas meilleure, mais elle devint plus compliquée, plus réceptive, ce qui donna naissance à une nou-

gieuse de saint Grégoire de Nysse, et Jean DANIÉLOU : Platonisme et théologie mystique. Essai sur la doctrine spirituelle de saint Grégoire de Nysse.
1 Dans l'Inde, l'idée de l'incarnation a un sens tout à fait différent.

velle conscience. L'homme devint moins intégral, plus dédoublé, et il se trouva en présence de nouvelles questions auxquelles les catéchismes ne lui donnaient pas de réponses. Des hommes du type prophétique, tels que Dostoïevski, Kierkegaard, Nietzsche, Vl. Soloviov, Léon Bloy et autres ont surgi dans la culture de notre monde, dans la littérature et la philosophie. Les pères et les docteurs de l'Église, les théologiens scolastiques ont été incapables de résoudre les problèmes qu'ils ont posés. Toutes les fois que la vie spirituelle tombait dans un état de pétrification et de refroidissement, c'était toujours la flamme prophétique qui venait la réchauffer et la ranimer. Pour ce qui est des rapports entre le divin et l'humain, l'attitude de la mystique se révèle assez compliquée. Certaines mystiques penchent vers le monisme, ne reconnaissent qu'une seule nature, l'absorption de la nature humaine dans la Divinité. C'est ce qui caractérise tout quiétisme, et le jansénisme présente un intérêt particulier pour la dialectique des rapports entre le divin et l'humain. C'est la philosophie religieuse de l'Inde qui nous offre le modèle classique du monisme mystique. Ceci est particulièrement vrai de la philosophie religieuse de Shankara, qui oppose notre âme, Brahmane, l'Un, le Sat, à toute origine, à tout commencement et à tout devenir [1]. Le plus remarquable des philosophes religieux de l'Inde contemporaine, Aurobindo, enseigne qu'il faut renoncer à l'idée d'après laquelle nous serions les auteurs de nos actes, parce que c'est l'universel qui agirait à travers nos personnes. L'impersonnalité est la condition de l'union avec la Divinité, et nous devons aspirer à nous plonger dans un état d'impersonnalité et d'indifférence [2]. L'âme est une parcelle de la Divinité. On reproche souvent au mysticisme son penchant au panthéisme, et on se sert souvent de ce reproche jusqu'à l'abus. Cela tient à ce que ceux qui le formulent ne comprennent pas toujours le langage des mystiques. Il importe cependant de noter que lorsque le panthéisme existe réellement il est une hérésie moins par rapport à Dieu que par rapport à l'homme, dont il diminue l'importance, en réduisant au minimum le rôle de la liberté humaine et de l'activité créatrice de l'homme. L'évolution de l'humanisme européen, son drame intérieur posent un thème religieux tout à fait nouveau : le

1 Cf. le livre déjà cité de LACOMBE : *L'Absolu selon le Vedânta*, où l'auteur oppose Romanudja à Shankara.
2 *Le Bhagavad Gita, interprété par Aurobindo*.

thème théoandrique, le thème de Dieu-Humanité.

L'évolution de la mystique et de la philosophie allemandes est d'une grande importance pour la dialectique du divin et de l'humain. C'est la catégorie du destin (*Schicksal*) qui joue un très grand rôle dans la pensée philosophique allemande. Ce mot est d'un emploi courant dans les ouvrages philosophiques allemands, alors qu'on ne le rencontre guère dans les ouvrages français et anglais, ce qui n'est pas dû à un simple hasard. Le peuple allemand est un peuple frappé d'un destin tragique, conséquence de l'organisation spirituelle de ce peuple métaphysique et effet d'une sorte de maladie de l'esprit. C'est une opinion généralement répandue que la pensée allemande et la mystique allemande ont toujours penché vers le panthéisme et que cela tient aux particularités de l'âme allemande. Tout en croyant que cette opinion jouit d'une faveur exagérée, nous n'en devons pas moins reconnaître qu'elle renferme une part de vérité que nous allons essayer de dégager. Je dirais volontiers que le destin de la pensée allemande représente un drame en trois actes ayant pour sujet les rapports entre le divin et l'humain. Kroner, qui a écrit un des ouvrages les plus remarquables sur l'histoire de la philosophie idéaliste allemande, parle avec enthousiasme du caractère prophétique, messianique, eschatologique de la renaissance métaphysique allemande du début du XIXᵉ siècle [1]. Rien de plus exact. Il s'agit en effet d'un essor spirituel qu'on ne retrouve ni dans la philosophie anglaise ni dans la française. En France, les idées messianiques et prophétiques étaient surtout en rapport avec des aspirations sociales. L'écueil spirituel de la pensée allemande avait pour cause l'extraordinaire difficulté qu'elle éprouvait à reconnaître le mystère que constitue l'union des deux natures, la divine et l'humaine, dualisme qui est en même temps unité, sans que cette unité implique l'identité des deux éléments dont elle se compose, ni leur mélange. Mais la difficulté de reconnaître ce mystère implique aussi celle de reconnaître le mystère de la personne. C'est l'antipersonnalisme qui caractérise toute la métaphysique idéaliste allemande, à l'exception de la philosophie de Kant qui occupe une place à part. On n'en doit pas moins reconnaître qu'on assiste, dans la pensée et la spiritualité allemandes, au déroulement d'une dialectique géniale qui a exercé une influence

---

1 KRONER : *Von Kant bis Hegel.*

capitale sur l'évolution de la conscience européenne. Comment décrire les actes de ce grand drame, non seulement intellectuel, mais spirituel ? Essayons.

ACTE PREMIER : *La mystique allemande et Luther.* — La mystique allemande est représentée avant tout par maître Eckhardt. Sa mystique est beaucoup plus complexe qu'on ne le croyait jadis, car il n'est pas seulement mystique, mais aussi théologien, plus grand, il est vrai, comme mystique que comme théologien. En tant que théologien, il se rapproche même de saint Thomas d'Aquin. Mais il m'intéresse surtout comme mystique, il m'intéresse lorsqu'il parle le langage de la mystique, et non celui de la théologie, car c'est en cela que se manifeste sa génialité et c'est de là que vient son importance. Or c'est justement chez Eckhardt en tant que mystique qu'on découvre un penchant incontestable au monisme mystique. On avait proposé de définir sa doctrine non comme un panthéisme, mais comme un théo-panthéisme. Mais ceci ne change pas grand'chose. Eckhardt se tient sur le plan de la mystique néo-platonicienne, et il s'apparente non seulement à Platon, mais aussi à la philosophie religieuse de l'Inde ; ce qui, d'ailleurs, n'est nullement fait pour mettre en doute le christianisme d'Eckhardt. Je ne crois pas en effet que la philosophie de saint Thomas soit plus chrétienne que la philosophie religieuse d'Eckhardt qui plonge davantage dans les profondeurs de la spiritualité (*Innerlichkeit*). Ce qu'il y a de plus profond et de plus original dans la pensée d'Eckhardt, c'est son idée de *Divinité* (*Gottheit*), qui entr'ouvre une plus grande profondeur que l'idée de Dieu, créateur du monde, et se trouve en dehors de l'opposition du sujet et de l'objet. Dieu serait déjà le secondaire, et non le primordial. *Gottheit* peut être pensée d'une façon tout à fait apophatique. L'erreur d'Eckhardt avait consisté, non dans l'affirmation d'un monisme complet par rapport à la *Gottheit*, mais dans l'affirmation d'un monisme relativement aux rapports entre l'homme et Dieu, autrement dit dans son monophytisme. Il refuse au créé toute essence, toute importance, toute valeur. Tout ce qui est créé serait frappé de nullité. L'existence même de l'homme serait une sorte de péché. Et c'est en cela qu'apparaît la contradiction qui affecte la pensée allemande. On attribue à l'homme une grande liberté dans son mouvement vers le dedans, vers la spiritualité et vers Dieu, tout en niant l'indépendance de la nature humaine,

de la liberté de l'homme, de la liberté *humaine*, tout en soumettant ainsi l'homme à un déterminisme mystique. En comparant
la mystique de Shankara et celle d'Eckhardt, R. Otto trouve que
l'une et l'autre recherchent le salut, l'Etre, et que pour l'une et pour
l'autre c'est la connaissance qui est le chemin du salut [1]. D'après
Otto, la mystique d'Eckhardt n'est pas, comme celle de Bœhme,
une mystique du type gnostique, théosophique. C'est exact, mais
à la condition de ne pas exagérer la différence, étant donné qu'on
trouve chez Eckhardt un élément métaphysique très marqué par
lequel sa mystique diffère de la mystique chrétienne, préoccupée
exclusivement de la description du chemin spirituel que l'âme doit
suivre pour atteindre Dieu. Le thème de la mystique allemande est
toujours métaphysico-cosmologique.

La dialectique existentielle du divin et de l'humain est beaucoup
redevable à Luther qui se rattache à la mystique allemande, sans
qu'on puisse dire qu'il fût lui-même un mystique. Son livre *De ser-
vo arbitrio*, dirigé contre Erasme, présente un intérêt particulier.
C'est un livre plein de verve, et dont le côté paradoxal consiste en
ce que, dans sa lutte pour la liberté du chrétien et contre le pouvoir de l'autorité, Luther nie complètement la liberté de l'homme
et postule l'intervention exclusive de Dieu et de la grâce divine
dans la vie religieuse. La seule chose qui émane de l'homme,
c'est la foi. La foi seule, qui est, elle aussi, un produit de la grâce,
sauve l'homme, et c'est ainsi que Luther concevait la libération de
l'homme du pouvoir de l'autorité. Par rapport à Dieu, l'homme est
privé de toute indépendance ; il ne peut que croire en Dieu. Ce
qui n'empêche pas que l'homme puisse être actif dans le monde.
Quant à la traditionnelle doctrine catholique du libre arbitre et des
bonnes œuvres nécessaires au salut qu'il comporte, Luther y voyait
presque une doctrine sacrilège, attentatoire à la toute-puissance et
à la grandeur de Dieu. Non content de nier le libre arbitre, il voyait
dans la raison une faculté diabolique. Il accusait le catholicisme
de pélagianisme. La doctrine luthérienne de la volonté-serve a été
souvent interprétée d'une façon grossière, sans qu'on se fût rendu
compte de la profondeur et de la complexité de la dialectique métaphysique qui en découle. Il était difficile de prévoir en effet qu'elle
servirait de point de départ et de base à toute la métaphysique al-

---

1 Voir le livre déjà cité de R. OTTO : *West-Œstliche Mystik*.

lemande du commencement du XIXᵉ siècle. Le divin absorbe l'humain. Mais le mystère de l'union des deux disparaît, comme chez Eckhardt. La dernière et la plus intéressante manifestation du protestantisme en Europe, la théologie dialectique de Karl Barth et de ses partisans, aboutit, elle aussi, à la négation du théoandrisme de Dieu-Humanité. Pour Barth, Dieu est tout, et l'homme n'est rien. Barth est dualiste, et non moniste, puisqu'il postule une séparation entre Dieu et l'homme, l'existence d'un abîme isolant l'un de l'autre. Mais dire que l'homme n'est rien et que Dieu est tout, la seule et unique réalité, c'est admettre une certaine forme de monisme, un monisme masqué, voire une forme de panthéisme. Pour qu'il n'y ait ni monisme, ni panthéisme, il ne faut pas que l'homme ne soit rien, il faut lui reconnaître une dignité et une liberté humaines. Ce raisonnement s'applique également à Calvin : bien qu'il fût un ennemi déclaré du panthéisme, on n'en peut pas moins le qualifier, paradoxalement en apparence, de panthéiste, parce qu'il humilie l'homme, minimise sa réalité et ne considère comme l'Etre véritable que Dieu qui est tout. Ceci montre combien complexe et confuse est la dialectique du divin et de l'humain, combien il est difficile de se pénétrer du mystère de leur union. Baader est le seul penseur allemand qui se rapproche le plus de l'idée de l'humanité divine et de la divinité humaine et s'apparente, de ce fait, le plus à la philosophie religieuse russe [1]. Mais Baader se tenait à l'écart de la principale voie sur laquelle se déroulait la dialectique du divin et de l'humain.

LE DEUXIÈME ACTE du drame dont nous parlons a, pour ainsi dire, pour protagoniste la philosophie idéaliste allemande, qui est la manifestation la plus significative de la philosophie européenne. Quel lien y a-t-il entre ce deuxième acte et le premier ? Le lien qui rattache cette philosophie idéaliste à Eckhardt était à la rigueur facile à saisir, mais celui qui la rattache à Luther est moins évident. L'influence la plus profonde qu'ait subie la métaphysique allemande fut incontestablement celle de Bœhme, mais ceci se rapporte à un autre thème, non à celui qui m'intéresse ici. C'est à Bœhme que la métaphysique allemande doit toute son originalité, ce par quoi elle se distingue de la philosophie grecque et de la philosophie médiévale, en ce qui concerne les rapports entre l'humain

1 Voir le livre récent sur Baader par SUSINI : *Franz Baader et le romantisme mystique*. C'est l'ouvrage le plus complet qui ait paru jusqu'ici sur le grand penseur allemand.

et le divin, c'est-à-dire le problème de l'humanité divine et de la divinité humaine, Bœhme était plus chrétien, moins moniste que Hegel ou Fichte. On dit souvent que c'est à Luther que revient la paternité de l'idéalisme philosophique et que c'est sur le terrain du protestantisme que la philosophie allemande a pris le développement que l'on sait. A première vue, il n'y a pas d'opposition plus grande que celle qui existerait entre Luther et Hegel. Le premier maudissait la raison comme une faculté diabolique, le second la divinisait. D'après le premier, tout viendrait de la grâce, ce qui ne serait pas de nature à favoriser la connaissance métaphysique. En examinant les choses de plus près, on arrive à comprendre pourquoi la négation de la raison a fait place à une affirmation catégorique de la raison. Luther, qui n'était pas un philosophe, mais une nature prophétique, ne voulait pas et ne pouvait pas justifier sa malédiction de la raison par des arguments philosophiques. Mais la raison dont parlait Luther n'était pas celle qu'affirmait Hegel. La raison maudite par Luther est la raison humaine, tandis que celle glorifiée par Hegel, par Fichte et tous les idéalistes du commencement du XIXᵉ siècle est la raison divine. La raison qu'avait en vue Hegel, et c'est là le point qui nous intéresse le plus ici, équivalait non à la raison telle que la concevait Luther, mais à ce qu'il entendait par la grâce. D'après Hegel, ce n'est pas la raison humaine qui connaît, mais la raison divine, l'acte de la connaissance, l'acte religieux étant celui non de l'homme individuel, mais de l'Esprit universel. De même, le MOI, chez Fichte, n'est pas le MOI individuel et humain, mais le MOI universel et divin. Dans la métaphysique allemande du XIXᵉ siècle, tout se tient sur une pointe et menace toujours de tomber du côté opposé à celui qu'elle occupe à un moment donné. On peut interpréter la philosophie de Hegel, qui a été un achèvement, comme préconisant soit une absorption définitive du divin par l'humain et comme une exaltation de l'orgueil humain, soit une absorption non moins définitive de l'humain par le divin et comme une négation de la personne humaine. Ces deux interprétations sont également justifiées. La révolte de Dostoïevski et de Kierkegaard pour la défense de l'homme individuel a été une révolte contre Hegel, contre son Esprit universel, contre le pouvoir tyrannique du général sur l'individu. C'est à Hegel qu'on doit cette expression : « *Die Religion als Selbstbewusstsein Gottes.* » (La religion comme conscience-de-soi de Dieu.) Ed. v. Hartmann, qui s'est inspiré non seulement de Schopenhauer, mais aussi de Hegel, a bâti sa religion de l'Esprit sur cette conception hégélienne de la religion et des rapports entre le divin et l'humain [1]. La métaphysique allemande a créé un véritable mythe qui se prête aussi bien à une interprétation pessimiste qu'à une interprétation optimiste. Or, Hartmann l'interprète dans un sens pessimiste. C'est dans un accès de folie que la volonté du Dieu inconscient a créé l'Etre avec tous ses malheurs. Mais c'est dans l'homme que le Dieu, d'abord inconscient, émerge à la conscience, ce qui ouvre la possibilité de libération des souffrances inhérentes à l'Etre [2]. Mais chez l'optimiste Hegel, Dieu émerge également à la conscience dans l'homme, et cette conscience atteint son plus haut degré dans la philosophie de Hegel lui-même [3]. C'est ainsi que s'est achevée la déformation du thème posé par J. Bœhme, le mystique le plus génial, du type gnostique. D'après ce dernier, pénétré de christianisme et de la Bible, c'est en partant de l'*Urgrund*, qui précède l'être et le monde, que s'effectue dans l'éternité, et non dans le temps, la naissance de Dieu et s'épanouit la Sainte Trinité qui, elle, crée le monde [4]. Cette succession idéale change dans la métaphysique allemande, toute pénétrée de motifs empruntés à la vieille mystique. C'est dans l'*Urgrund*, dans l'obscur inconscient que le monde se crée, et c'est dans le monde ainsi créé que Dieu apparaît à son tour. Fichte, Hegel, en partie aussi Schelling parlent du devenir de Dieu. Le processus cosmique n'est pas autre chose qu'un processus ayant pour aboutissement le devenir de Dieu, et c'est dans l'homme que Dieu devient complètement conscient. On assiste à la fois à la divinisation de l'homme et à sa négation. Il n'y a rien qui soit purement humain et distinct du divin et qui se trouve face à face avec Dieu, dans le drame qui se déroule. C'est dans le troisième acte qu'apparaissent les conséquences qui découlent de cette conception. Le principal défaut de la métaphysique allemande, cette production géniale de la pensée humaine, consistait dans son impersonnalisme.

1 Ed. VON HARTMANN : *Die Religion des Geistes.*

2 C'est ce qui est très bien exposé dans le livre de DREUSS, disciple de HARTMANN : *Die Religion als Selbstbewusstsein Gottes.*

3 Sur la conception de la religion par HEGEL, voir ses *Vorlesungen über die Philosophie der Religion.*

4 Voir BERDIAEFF : *Etudes sur J. Boehme.* Etude I : *La théorie de l'Urgrund et de la liberté.*

La philosophie de Hegel, qui cherchait le concret, sans y parvenir, qui étouffait l'individualité humaine, a provoqué une réaction de l'humain contre l'Esprit universel. Le divin a fini par apparaître comme l'expression de l'asservissement de l'homme.

LE TROISIÈME ACTE du drame commence par Feuerbach qui fut un penseur remarquable [1]. D'après Feuerbach, l'homme a créé un Dieu à son image et ressemblance, en aliénant dans une sphère transcendante sa propre nature. La nature ainsi aliénée doit être rendue à l'homme. La croyance en Dieu est un produit de la faiblesse et de la misère de l'homme. Un homme fort et riche n'a pas besoin d'un Dieu. Le mystère de la religion est un mystère anthropologique. L'idée de Dieu doit ainsi céder la place à l'idée de l'homme, et la théologie à l'anthropologie. D'après Hegel, Dieu parviendrait à la conscience-de-soi dans l'homme. D'après Feuerbach, la conscience-de-soi de l'homme suffit, puisque la conscience-de-soi de Dieu n'est que celle de l'homme, la conscience qu'a l'homme de sa propre nature divine. Homme ou Dieu, il ne s'agit que d'une seule et même nature. Le divin absolu est remplacé par l'humain absolu. Feuerbach proclame la religion de l'humanité. Le matérialiste Feuerbach a écrit son livre sur l'essence du christianisme dans le style des livres mystiques. Il est lui-même par sa nature profondément religieux. Mais par la divinisation de l'humain il entend la divinisation de l'espèce, de la société, et non celle de l'individu, de la personne. Sous ce rapport, sa philosophie reste, tout comme celle de Hegel, une philosophie du général, de l'universel ; elle n'a rien de personnaliste. Sa philosophie est un pont qui relie la philosophie de Marx à celle de Hegel ; elle constitue, en ce qui concerne les rapports entre le divin et l'humain, un moment dialectique important de la pensée allemande ; elle reste, par sa tendance, moniste, et ignore la double réalisation de l'humain dans le divin et du divin dans l'humain. Si Hegel rend à Dieu ce qui appartient à l'homme, Feuerbach rend à l'homme ce qui appartient à Dieu. L'un et l'autre ont fait subir un déplacement au divin et à l'humain. Le passage de Hegel à Feuerbach n'était d'ailleurs pas bien difficile. Déjà Khomiakov prévoyait que la philosophie de Hegel aboutira au matérialisme. Feuerbach est, pour ainsi dire, un enfant de He-

---

1 Le principal ouvrage de FEUERBACH : *Das Wesen de Christentums* est tombé dans un oubli immérité. C'est un des livres les plus remarquables parus au XIXᵉ siècle.

gel, comme le sera plus tard Marx. Tel fut l'aboutissement de cette géniale dialectique.

Le pas suivant fut fait par Max Stirner et, finalement, par Marx dans une direction, par Nietzsche dans une autre. Max Stirner veut être plus conséquent que Feuerbach. Il nie la réalité de l'homme, de la société, de toute communauté et ne reconnaît comme seule réalité que le Moi, l'Unique, dont le monde entier est la propriété. Son livre : *L'Unique et sa propriété*, rappelle également de temps à autre les vieux livres mystiques allemands, tout comme l'*Essence du christianisme* de Feuerbach. On pourrait croire que Max Stirner est un extrême individualiste, qu'il attribue la plus haute valeur à l'individu, à l'unique. Pas le moins du monde, car il est en réalité aussi antipersonnaliste que Hegel. Il n'est pas difficile de se rendre compte que l'Unique de Stirner n'est pas l'homme-unique, la personne humaine, mais le pseudonyme du divin. La première impression qui se dégage de son livre est que Stirner est aussi matérialiste que Feuerbach, mais en l'examinant de plus près on s'aperçoit que son Unique porte un caractère presque mystique et on y perçoit des résonances de la vieille mystique allemande qui a servi de point de départ à tout le processus dialectique de la pensée. L'Unique de Stirner est l'Universel ; pas même le microcosme, mais le macrocosme. Dans le désir de voir l'homme en possession de l'Univers entier, il y a quelque chose de légitime, mais la philosophie de Stirner se révèle incapable de justifier ce désir. Chez Karl Marx, qui a suivi une autre direction, le divin-universel revêtira la forme du collectif social, d'une société parfaite à venir, mais d'une société dans laquelle la personne humaine sera noyée, comme elle l'est dans l'Esprit de Hegel et dans l'Unique de Stirner. Marx a puisé sa philosophie à des sources humanistes [1]. Il dénonçait le capitalisme, en l'accusant d'aliéner la nature humaine, de déshumaniser l'homme, de transformer l'ouvrier en une chose (*Verdinglichung*), et il voulait rendre aux ouvriers leur nature aliénée. Cette remarquable idée représentait l'extension à la sphère sociale de l'idée de Hegel et de Feuerbach sur l'aliénation. C'est ce que j'appelle objectivation. Mais la philosophie de Marx, à son tour, se heurte à l'une des limites de l'humanisme, limite au delà de laquelle il se transforme en antihumanisme. Cette transformation tient à des causes

1 Le *Nachlass* (œuvres posthumes) de MARX présente sous ce rapport un intérêt particulier. Voir plus spécialement l'article : « *Philosophie und Nationalökonomie* ».

métaphysiques profondes. Après avoir déclaré que c'est l'humain qui est *l'unique* et qui possède la valeur la plus haute, ce qui implique la négation du divin, on finit par aboutir insensiblement à la négation de l'humain lui-même et à sa subordination au général, que ce soit l'Unique de Stirner ou le collectif social de Marx. C'est toujours l'antipersonnalisme qui triomphe. C'est ce qu'on voit sous une autre forme, mais avec beaucoup plus d'acuité et exprimé d'une façon plus géniale, chez Nietzsche et dans sa tragique destinée. Nietzsche mérite une attention toute particulière. Mais avant d'aborder la philosophie de Nietzsche, je ferai remarquer que Kierkegaard qui, sans être Allemand, n'en a pas moins été nourri de la pensée allemande et du romantisme allemand, répugnait également à affirmer l'existence de deux natures : la divine et l'humaine et semble pencher plutôt vers la négation de l'humanité, de la nature humaine du Christ.

La vie de Nietzsche fut celle d'un « privat-docent » en retraite ; malade et faible, il se retira dans les montagnes suisses où il mena une vie solitaire, ayant pour toute occupation la composition de livres. Et cependant plus qu'aucun homme d'action il participait à toutes les vicissitudes de l'histoire, à toutes les réalisations de la destinée humaine. Les livres de Nietzsche parlent des choses dernières, des destinées dernières. On pourrait définir le thème fondamental de la vie et de l'activité créatrice de Nietzsche, en disant qu'il se réduit à cette question : Comment peut-on avoir l'expérience du divin, si Dieu n'existe pas ? Comment peut-on éprouver de l'extase, étant donné la bassesse de l'homme et du monde ? Comment peut-on aspirer à des attitudes élevées en présence de la platitude du monde ? Nietzsche se livrait à des méditations angoissantes sur des problèmes d'un caractère religieux et métaphysique ; son thème était principalement de nature musicale, en quoi il s'est montré typiquement Allemand. Mais il y avait un manque de correspondance frappant entre sa philosophie et sa problématique. C'était une philosophie biologique, une philosophie vitale (*Lebensphilosophie*), se rattachant au darwinisme et à l'évolutionnisme, plutôt qu'une philosophie existentielle. Son idée eschatologique du surhomme reposait sur la théorie de la sélection biologique. En Russie, Nietzsche a toujours été compris autrement qu'en Occident ; on voyait en lui avant tout un penseur religieux, alors que pour les

Occidentaux il était avant tout un philosophe de la culture. Toute l'activité créatrice de Nietzsche est concentrée autour de trois problèmes : les rapports entre l'humain et le divin, ce dernier étant considéré comme surhumain ; l'activité créatrice de l'homme, appelé, d'après lui, à créer des valeurs nouvelles ; la souffrance et la force héroïque qui résiste à la souffrance. L'aspiration de Nietzsche vers la hauteur divine a trouvé son expression dans la volonté de dépasser l'homme. Aussi annonce-t-il l'avènement du surhomme, qui est pour lui le pseudonyme du divin. Nous touchons ici à la limite devant laquelle s'arrête la dialectique du divin et de l'humain. Nietzsche est un enfant de l'humanisme européen, la chair de sa chair et le sang de son sang. Mais il n'en aboutit pas moins à la négation de l'homme. Il trahit l'homme ; l'homme lui inspire de la honte et de l'aversion ; il ne voit en lui qu'une transition à une race supérieure, à la race des surhommes. « Une de ces maladies, par exemple, dit Zarathoustra, s'appelle l'homme [1]. » Et encore : « C'est le surhomme, et non l'homme, que j'ai dans mon cœur, qui est pour moi le seul et l'unique. Ce que j'aime en l'homme, c'est le fait qu'il est à la fois une transition et un crépuscule. » (*Der Uebermensch liegt mir am Herzen, der ist mein Erstes und Einziges, und nicht der Mensch. Was ich lieben kann am Menschen, das ist, dass er Uebergang ist und ein Untergang.*) Dans le surhomme, le divin et l'humain disparaissent également. Ce que le prophète du surhomme admire en Napoléon, c'est son inhumanité et sa surhumanité, c'est l'absence chez lui de toute humanité. Nietzsche n'a que faire de l'homme et de l'humain. Il veut être sous le signe de l'*amor fati* et ne prêche pas, comme Marx, la victoire de l'homme sur le *fatum*. C'est en cela que consistait pour lui le côté tragique de la vie, c'est cela qui était la source de son sentiment tragique de la vie. D'où son hostilité à l'égard de Socrate, l'idéalisation des instincts, la mystique du sang qui rappelle celle de Gobineau. D'où aussi sa défense de ce qui est héréditaire, son aristocratisme. On le considère comme un individualiste, alors qu'en réalité il est antipersonnaliste. Il ne se rend pas compte que le dionysisme est démocratique, et non aristocratique [2]. Tout en s'attaquant au christianisme, qu'il n'a connu que sous sa forme décadente, petite-bourgeoise, vidée

1 *Eine dieser Krankheiten heisst zum Beispiel : Mensch.*
2 C'est ce qu'avait signalé et toujours affirmé un spécialiste aussi remarquable des questions de religion grecque que Viatcheslav Ivanov.

de tout héroïsme, il n'en a pas moins compris une chose, à savoir que le christianisme fut une révolution dirigée contre le principe aristocratique de la civilisation antique, une révolution qui avait pour mot d'ordre : les derniers seront les premiers. Pour Nietzsche, comme pour les penseurs allemands qui l'ont précédé, il n'y a pas deux natures, il n'y a pas rencontre de deux natures, le mystère de l'union du divin et de l'humain n'existe pas : il n'existe qu'une seule nature. On le considère comme un athée ; mais c'est un jugement simpliste qui témoigne, de la part de ceux qui le formulent, qu'ils ne se rendent pas compte que la conscience et les idées conscientes n'épuisent pas toute la profondeur d'un homme. C'est plein d'amertume et avec un sentiment douloureux que Nietzsche annonce que Dieu est tué. Il y a une grande différence entre l'athéisme de Nietzsche et celui de Feuerbach. Nietzsche souhaite le retour de Dieu : « O, reviens, mon Dieu inconnu, ma douleur, mon dernier bonheur ! » dit Zarathoustra. (*O komm zurück, mein unbekannter Gott, mein Schmerz, mein letztes Glück.*) Comme les héros de Dostoïevski, le problème de Dieu le tourmente sans cesse. Il se rapproche du thème de Kirilov. Il cherchait le surhomme, alors que c'est l'homme qu'il faut chercher, l'homme complet. L'homme d'aujourd'hui n'est pas encore un homme complet, il est encore demi-animal, et souvent pire qu'un animal. L'attitude de Nietzsche à l'égard de l'homme est affectée d'une profonde contradiction. L'homme lui fait honte et lui répugne, il le repousse et le considère comme un simple citoyen ; mais en même temps il lui attribue un pouvoir de création, il le croit capable de créer des valeurs, un monde nouveau, et de supporter héroïquement des souffrances.

Le plus grand mérite de Nietzsche consiste à avoir posé le problème de la création. Il recherchait l'extase, et l'extase, pour lui, était inséparable de l'activité créatrice. Il était convaincu que l'homme était capable de créer de nouvelles valeurs. La vérité était pour lui une création, et non une découverte. La vérité n'est pas une donnée qui serait acceptée passivement, mais elle se crée au cours du processus vital, dans la lutte pour la puissance. La vie est justement un processus de création de valeurs. Je dirais, en me servant de ma terminologie à moi, que ce qu'on appelle vérité objective n'est qu'une illusion née de l'objectivation. Même pour un homme étranger au point de vue chrétien, la vérité est le chemin et la vie, et non un objet, une réalité-chose. L'homme est capable de créer de nouvelles valeurs, une vie nouvelle. Il y a certes une limite à la force créatrice de l'homme : il est notamment incapable de créer des êtres vivants, il peut seulement les engendrer. Il est incapable de créer même une puce. Et ce fait cache un sens profond. Un être créé par l'homme n'aurait aucune image vivante, ce serait un simple mécanisme. La grande erreur de Nietzsche consistait justement à vouloir que l'homme créât le surhomme, que le divin, supposé jusqu'alors inexistant, fût créé par l'homme, que l'inférieur appelât à l'existence le supérieur. Mais où une nullité telle que l'homme (et Nietzsche ne voyait bien dans l'homme qu'une nullité) trouverait-elle la force de créer le surhumain, le divin ? Pour justifier le pouvoir créateur de l'homme, son pouvoir de création de nouvelles valeurs, une nouvelle anthropologie est nécessaire [1]. Mais la philosophie sur laquelle Nietzsche fondait son anthropologie était une vieille philosophie à laquelle le pouvoir créateur de l'homme échappait. Comment l'homme, être frappé de nullité, pourrait-il créer Dieu ? La dialectique du divin et de l'humain aboutit à la négation et du divin et de l'humain, l'un et l'autre s'évanouissant pour donner lieu au spectre du titanisme surhumain. On explique cette folie de Nietzsche par sa maladie, mais, en se plaçant au point de vue spirituel, on doit y voir le résultat d'un effort surhumain, épuisant, de s'élever à une hauteur vertigineuse, et cela en l'absence de toute hauteur. Cette aspiration au néant héroïque est caractéristique de l'esprit germanique. L'impressionnante vision nietzschéenne d'un monde dionysien s'explique justement par cette aspiration. Nietzsche est obsédé par deux idées contradictoires : celle de l'éternel retour et celle du surhomme. L'idée de l'éternel retour est une idée antique, c'est l'idée de mouvement cyclique, professée par les Grecs. L'idée du surhomme est une idée messianique et, comme toutes les idées messianiques, elle a des sources perso-judéo-chrétiennes. Ce n'est pas par hasard que Nietzsche a donné pour titre à son œuvre la plus géniale le nom d'un sage persan : ne sont-ce pas en effet les Perses qui ont introduit dans la conscience religieuse l'idée eschatologique ? J'attache peu d'importance à la triste idée de l'éternel retour, mais j'en attache une très grande à l'idée du surhomme. Nietzsche était tourné

1 Cf. mon livre : *Le sens de la création. Essai d'une justification de l'homme* (en russe et en allemand).

à la fois vers l'avenir et vers le passé, il réunissait en lui le promé-théisme et l'épiméthéisme, un élément spirituel révolutionnaire et un élément spirituel réactionnaire. Il est une victime qui supporte les conséquences de la négation du pouvoir créateur de l'homme par le christianisme historique.

L'autre problème posé par Nietzsche fut celui de la souffrance. Il a lui-même beaucoup souffert : il a souffert d'une maladie qui ne laissait place à aucun espoir, et il a souffert de sa solitude. Il a lutté héroïquement contre la souffrance. Aucune douleur ne l'a empêché de créer. Ce qui, à ses yeux, faisait la valeur de l'homme, c'était sa force de résistance à la souffrance. Il voulait supporter la souffrance, sans recourir à aucune consolation. Il s'élevait contre le christianisme, parce que celui-ci prétendait offrir une consola-tion, en donnant un sens à la souffrance. Supporter la souffrance, sans chercher des consolations, sans l'espoir de revivre dans un autre monde : c'est en cela que consistait, d'après lui, le vrai hé-roïsme. Il recherchait les dangers, longeait le bord des abîmes, avait en horreur la vie assurée [1]. À cela se rattachait chez lui le sentiment tragique de la vie. Quelle serait l'interprétation en pro-fondeur de l'attitude de Nietzsche à l'égard du Christianisme ? Il était un ennemi du Christianisme, peut-être un de ses ennemis les plus acharnés ; il a écrit beaucoup de choses injustes sur le christianisme, entre autres *l'Antéchrist*, qui est peut-être un de ses ouvrages les plus faibles. Mais Nietzsche était en même temps tou-ché par le Christ et par le thème chrétien. Chez lui, l'Eros était associé à l'anti-Eros. Il luttait contre le Christ, mais il luttait contre un homme qui, dans son for intérieur, avait la plus ardente affec-tion pour le Christ. Alors qu'il était déjà frappé de folie, il signait ses lettres : « Le crucifié. » L'élément chrétien, bien que déformé, était incontestablement très fort chez lui. Nietzsche, l'ennemi du christianisme, était certainement plus proche de celui-ci que le serein et bienveillant Goethe, qui n'a pas été touché par le thème chrétien, qui y était même complètement indifférent. Goethe est en effet peut-être le seul homme de la période chrétienne de l'his-toire qui soit passé à côté du christianisme, qui n'ait pas été tou-ché par lui. Il a su organiser sa vie intérieure, sans avoir besoin du

1 À cette manière de voir se rattache le courant de la pensée française contempo-raine, représenté par Bataille (*L'Expérience intérieure*), Camus, etc. Les œuvres de Chestov n'ont pas été sans influence sur ce mouvement.

christianisme. C'est pourquoi on le qualifie souvent de païen. Il ignorait même la tragique religion grecque de Dionysos. On sait que Gœthe craignait beaucoup la souffrance et cherchait à l'éviter, qu'il n'aimait pas la tragédie. Kleist lui inspirait de l'aversion et il se montra très injuste à son égard. Son attitude envers la souffrance donnait souvent l'impression de manque de grandeur d'âme, bien qu'il fût un homme fort. Mais quant à Nietzsche, il est impossible, malgré sa prédilection pour la Grèce antique, de se le représenter en dehors de la période chrétienne de l'histoire. Sa destinée est celle d'un Européen du monde chrétien, elle représente l'une des voies suivies par l'homme chrétien, le sommet de sa dialectique existentielle. Le cas Nietzsche est intimement lié à la dialectique du divin et de l'humain. C'est là un thème qui remonte à la vieille mystique allemande. Eckhardt, Angelus Silesius font dépendre de l'homme l'existence même de Dieu. C'est ce qui a toujours inquiété les théologiens qui attribuaient à cette conception un sens intellectuel et ontologique, c'est-à-dire hérétique, alors qu'elle n'était que l'expression d'une expérience intérieure, spirituelle. Lorsque les mystiques disaient que Dieu dépendait de l'homme, leurs paroles pouvaient être interprétées dans un double sens : elles pouvaient en effet signifier ou qu'il existait deux natures qui se rejoignent en amour et réagissent l'une sur l'autre, ou qu'il n'existe qu'une seule nature, divine d'après les uns, humaine d'après les autres. L'évolution de la métaphysique allemande a fini par aboutir à Nietzsche, dont la conception signifie la disparition aussi bien de Dieu que de l'homme. On ne saurait trop insister sur l'importance de Nietzsche qui incarne la dernière phase de la dialectique de l'humanisme. Le cas Nietzsche nous montre la possibilité et la nécessité d'une nouvelle révélation relative à l'homme et à l'humain, comme condition de l'achèvement de la dialectique du divin et de l'humain.

Kierkegaard propose de commencer non par le doute, mais par le désespoir. C'est, d'après lui, le désespoir qui représente la distance séparant le sujet de l'objet. Mais l'expérience du désespoir doit avoir pour effet l'élargissement de la vérité. Ce qui est intérieur ne saurait trouver sa pleine expression dans l'extérieur. Pour moi, cela signifie que l'esprit, qui est toujours réfugié dans le subjectif, ne peut s'exprimer dans l'objectivation, laquelle ne peut que le déformer. Kierkegaard est un des précurseurs de la philosophie existentielle.

D'après lui, en effet, l'homme et son existence ne sauraient être des objets. La philosophie existentielle est liée à l'angoisse religieuse et découle chez Kierkegaard lui-même de l'expérience chrétienne. La principale différence qui existe entre les hommes, en ce qui concerne leurs conceptions du monde, consiste en ce que les uns reconnaissent l'existence d'un « autre monde », tandis que d'autres ne connaissent que « ce monde-ci ». Kierkegaard lui-même possédait une expérience chrétienne, mais cette expérience était celle d'une nature religieuse ayant subi le dédoublement, ayant éprouvé la rupture entre le divin et l'humain, ayant été abandonnée par Dieu. Le cas de Heidegger, qui est le plus influent des philosophes « existentiels » de nos jours, est différent. Sa problématique a subi l'influence de Kierkegaard, mais Dieu se trouve chez lui remplacé par le monde, et son désespoir n'aspire pas à quelque chose d' « autre ». Il veut édifier une ontologie, mais en procédant tout à fait comme le faisait la philosophie rationaliste académique. Ceci est en contradiction flagrante avec la philosophie existentielle qui n'admet pas la possibilité d'une ontologie à base de rationalisation et d'objectivation [1]. Heidegger a passé par l'école de la théologie catholique, et sa doctrine de la chute (*Gewurfenheit des Daseins*) s'en ressent. Mais la rupture entre l'existence (*Dasein*) humaine et la divine atteint chez lui l'extrême degré. Le *Dasein* n'est que l'être-là-dans-le-monde (*in der Welt sein*). C'est le néant qui est à la base du *Dasein*. C'est la philosophie du Néant. Le *Dasein* remplace le sujet. Chez lui, comme chez Sartre, le phénomène, ce qui apparaît, a un tout autre sens que chez Kant. Etre-dans-le-monde est un souci ; Etre est un souci. D'où la temporalisation. La pensée de Heidegger est accablée par le poids du monde objectif du souci. Il ne reconnaît ni esprit, ni liberté, ni personne. C'est le *on* impersonnel (le *man* allemand) qui est le sujet de l'existence quotidienne d'où nulle issue n'est possible. Cette métaphysique noie l'existence humaine dans le chaos de la grossière existence. La philosophie de Heidegger appartient à une tout autre époque que celle des positivistes, des matérialistes et des athées du XIXe siècle. Elle est marquée d'un péché originel, héritage du catholicisme, et pour elle l'existence de

1 HEIDEGGER : *Sein und Zeit*. Cf. l'excellent livre de WOEHLENS : *La philosophie de Martin Heidegger*. Voir aussi SARTRE : *L'Etre et le Néant*. Sartre nie résolument l'existence d'un « autre monde », et sa philosophie contient une terminologie (« ontologie », « transcendant », etc.) qui est faite pour induire facilement en erreur.

l'homme et du monde est la conséquence d'une chute. Mais pourquoi la chute ? D'où vient la faute ? Sur ce point on se trouve en présence de valuations morales masquées. L'héritage de l'idéalisme est représenté par la conception d'après laquelle il n'y aurait pas correspondance entre la vérité et l'objet, parce que c'est l'homme qui imprime la vérité au monde de la connaissance. Mais on ne trouve pas chez Heidegger une justification de la possibilité de la connaissance. Cependant le *Dasein* est en même temps un Etre historique, et l'histoire nous révèle à la fois l'universel et l'unique. La création de l'avenir est une projection de la mort. Heidegger parle de la *Freiheit zum Tode* (liberté en face de la mort). Le but de notre existence consiste à devenir libres de regarder la mort en face. L'art, la philosophie, la politique luttent contre le grossier chaos, contre le grossier Etre primaire. Mais d'où viennent les forces qui permettent de mener cette lutte ? La métaphysique de Heidegger repose sur le concept de la finitude de l'existence humaine, sur la négation de tout élan de l'homme vers l'Infini. Ce monde est un monde terrible, un monde de soucis, d'angoisses, d'abandons, de quotidienneté. C'est une métaphysique où la rupture avec Dieu est poussée à l'extrême. Mais le divin n'y réapparaît pas sous un pseudonyme, comme chez Feuerbach, Stirner, Nietzsche, Marx, et le contentement du monde s'en trouve exclu. Le pessimisme de Heidegger est plus conséquent et plus effrayant que celui de Schopenhauer qui, lui, ne manquait pas de consolations.

Le trinitarisme de la Divinité n'est pas seulement une formule dogmatique ou une vérité de la théologie scolastique : il a un profond sens existentiel. *Trois* est un nombre sacré, parce qu'il signifie l'achèvement, le dépassement du dualisme, du dédoublement. Toute l'originalité du christianisme consiste en ce qu'il n'est pas un monisme pur. C'est justement ce qui a provoqué l'hostilité du judaïsme et sa résistance au christianisme. La tendance purement moniste dans le christianisme est l'Islam ou le retour au judaïsme. La Trinité de Dieu signifie qu'il possède une vie spirituelle intérieure, et qui est répandue dans le monde entier. La révélation d'un Dieu trinitaire est en opposition avec la conception de Dieu comme d'un acte pur, comme d'un Etre abstrait, dépourvu de toute existence concrète. Il y a l'Un et il y a l'Autre, et il y a la solution de cette dualité par un Troisième, dans la Sainte Trinité. On disait de

Hegel qu'il a remplacé la Trinité par une triade purement philosophique qui n'avait plus aucune signification religieuse. Il serait plus exact de dire que Hegel a emprunté sa triade à l'expérience chrétienne et lui a donné une expression philosophique. La philosophie dépend de la religion. L'Humain pré-éternel est l'Autre Divin, la deuxième hypostase de la Divinité. La communauté humaine et cosmique dans la liberté et l'amour est l'œuvre résolutive de la Trinité Divine et représente le troisième aspect du Divin. Ce qu'on appelle exotériquement création du monde n'est pas autre chose que la manifestation de la vie intérieure de la Divinité. Et cela ne se laisse réduire ni à l'identité, ni au monisme, ni au panthéisme. On se trouve là en présence d'une antinomie qui échappe à toute résolution rationnelle. Il y a deux natures, la divine et l'humaine, aucune identité n'existe entre elles. Et, cependant, malgré cette absence d'identité, les deux natures se trouvent réunies dans la Trinité Divine. Dans l'éternité, il y a l'Autre de Dieu. Il y a le mystère de l'union de Dieu-Humanité et de Dieu-Trinité, le mystère de deux (l'Homme-Dieu) et le mystère de trois (Trinité Divine). Le mystère de la Trinité Divine est incompatible avec la conception de Dieu comme d'un Maître et d'un Souverain, comme d'un Monarque autocrate. Dieu n'est pas seulement unité, mais aussi idéale pluralité. Toutes les déviations hérétiques des premiers siècles qui ont cherché à donner une expression abstraite des mystères divins renfermaient une part de vérité. C'est surtout le savélianisme, condamné par la conscience ecclésiastique, qui renferme la vérité, bien qu'incomplète. Le trinitarisme correspond aux modes de révélation de la Divinité Unique et à ceux des époques de révélations en général. Mais pour la conscience rationnelle, habituée à penser à l'aide de notions, tout cela se tient sur une pointe, et le vrai devient facilement une erreur, tandis que l'erreur peut laisser transparaître le vrai. La différence posée par Eckhardt et la mystique allemande entre *Gottheit* (Divinité) et *Gott* (Dieu) et qui vient de la théologie apophatique, était d'une grande importance. Il y a un mystère divin et inexprimable au delà du Créateur et de la Création, et il y a le Mystère de la Trinité, orienté vers le monde. Le Dieu qui se révèle à l'homme et au monde n'est pas l'Absolu, car l'Absolu ne se rapporte à rien, il est le mystère inexprimable. La Divinité (*Gottheit*) est le mystère inexprimable dans lequel, nous en avons la foi, tout se résoudra. Mais Dieu est un mystère qui s'est déjà révélé. Ce n'est pas de différents dieux que nous parlons, mais d'un seul et même Dieu qui tantôt se voile, tantôt se découvre à des degrés variés. Et la différence tient non à l'objet, mais au sujet. On assiste, dans l'histoire de la conscience religieuse et des sociétés humaines, à une objectivation de Dieu. La théologie cataphatique ne connaît que le Dieu objectivé. Mais la théologie apophatique ou mystique dépasse cette objectivation de Dieu, débarrasse la conception de Dieu de toute déformation anthropomorphique et conçoit les rapports entre l'homme et Dieu sans les rattacher aux catégories de l'État, du pouvoir, du jugement et du châtiment. L'idée de Feuerbach, d'après laquelle l'homme attribue à Dieu sa propre nature supérieure, ne doit pas servir d'argument en faveur de la négation de Dieu. Bien au contraire : cela signifie seulement qu'il y a une commensurabilité entre Dieu et l'homme, non l'homme naturel et social, mais l'homme en tant que libre esprit. C'est dans les profondeurs mêmes de l'existence que se déroule la dialectique de la Trinité Divine, de même que celle du Divin et de l'humain.

La dialectique de la Trinité Divine suppose une révélation trinitaire, c'est-à-dire qu'on arrive à admettre la possibilité et même la nécessité d'une troisième révélation. Mais cela signifie que les deux époques précédentes doivent être interprétées à la lumière du Trinitarisme, c'est-à-dire à la lumière de la révélation de l'Esprit, elle-même, considérée comme révélation définitive. C'est seulement dans l'Esprit que s'accomplit et s'accomplira la révélation du Divin et de Dieu-Homme. Ce sera la révélation de la liberté, de l'amour, de la force créatrice, révélation de la créature divine. C'est ainsi que s'effectuera la fusion de la théologie mystique apophatique et de l'anthropologie existentielle cataphatique. On peut considérer comme tout à fait périmées les discussions auxquelles on s'était livré à propos de l'idéalisme allemand et des courants modernistes nés au sein du catholicisme et du protestantisme. L'immanentisme de Hegel ou d'E. Hartmann, d'un type nettement moniste, se trouve en dehors du problème de l'humanité de Dieu qui m'intéresse ici. Le vieil immanentisme, tout comme le vieil évolutionnisme, ne tenait aucun compte du moment catastrophique que présente l'expérience spirituelle, des ruptures du chemin spirituel. Sous ce rapport, la pensée de Kierkegaard apparaît comme très importante. La philosophie existentielle, pour autant qu'elle touche aux profondeurs mêmes de l'existence du sujet et repose sur l'expérience spirituelle, ne peut être une philosophie immanente, au sens que lui attachait le XIXe siècle. Mais ici nous nous heurtons à des contradictions antinomiques. La révélation du divin dans l'homme, l'élévation de l'homme au niveau du divin sont l'effet d'une discontinuité, d'une transcendance. Qu'une certaine expérience du transcendant et de la transcendance soit inhérente à l'homme, c'est là un fait qu'on ne saurait nier, sans faire violence à l'expérience réelle. L'homme est une créature qui se transcende, qui dépasse ses limites, qui aspire au mystère et à l'Infini. Mais l'expérience du transcendant et de la transcendance est une expérience intérieure, spirituelle et, comme telle, on peut la qualifier d'immanente [1]. Ici l'immanentisme signifie, non le fait de rester enfermé dans des limites, mais celui de dépasser ces limites. Le transcendant rejoint l'homme en venant non de l'extérieur, mais de l'intérieur, de la profondeur. Dieu réside en moi à une profondeur plus grande que moi-même. C'est saint Augustin qui l'a dit. C'est vers moi-même que je dois transcender. La profondeur qui peut devenir invisible, cachée dans l'homme, ne peut devenir visible, se découvrir que par une irruption, par la transcendance. La révélation du transcendant, loin de s'effectuer à la faveur d'une évolution, est un processus tragique du monde. Lorsque la révélation s'objective et se socialise, elle devient immanente à la conscience et à la société humaines. Le prophète, l'apôtre, le saint, le mystique, dépassent les limites de cette mauvaise immanence. Quand on parle de l'immanentisme du mystique, on ne doit pas oublier que cet immanentisme n'a rien de commun avec l'immanentisme du quotidien social, de la conscience bornée. La révélation du transcendant n'est pas l'effet d'une évolution, mais suppose des degrés, des époques tant par rapport à l'homme individuel que par rapport à l'histoire de l'humanité. Et nous sommes à la limite qui sépare la vieille époque agonisante de la nouvelle époque de révélation, d'un nouvel éon. Ce qui se passe dans les profondeurs de l'homme se passe également dans celles de Dieu. Lorsque nous pensons à des objets qui dépassent les limites de la pensée, les déviations dans lesquelles nous sommes entraînés et qui nous poussent dans di-

---

1 D'autre part, c'est d'une façon inexacte et arbitraire que des philosophes existentialistes tels que Sartre (et non Jaspers) emploie le mot « transcendant ».

verses directions sont toujours dues à nos tentatives de rationaliser le mystère auquel nous nous attaquons, c'est-à-dire viennent
toujours de ce que nous voulons traduire en langage notionnel
ce qui est notionnellement inexprimable. Ce qui ne veut pas dire
toutefois que nous soyons tout à fait incapables d'utiliser à cet effet le langage humain. Bien que d'une façon incomplète, le logos
est toujours présent dans le langage humain, et il est possible, par
la pensée et le langage, d'avancer vers la limite, de s'approcher du
mystère. Il y a des idées-limites. Mais la pensée doit être fécondée
par une expérience spirituelle totale. L'agnosticisme est une erreur, en ce qu'il impose des limites arbitraires aux possibilités humaines. Il faut affirmer le gnosticisme, mais le gnosticisme existentiel. L'ancien gnosticisme, celui des premiers siècles, qui contenait
des déformations de l'expérience spirituelle, avait opéré avec des
mythes. Nous devons, nous aussi, opérer avec des mythes, ne pas
nous contenter de notions. Mais nos mythes à nous ne sont plus
les mêmes que jadis, que les vieux mythes cosmiques, forgés par
le paganisme. Non, notre mythe fondamental est celui du théoandrisme et de Dieu-Humanité, et ce mythe est un mythe réaliste.

La conception statique ne peut se maintenir à la longue. Et c'est
justement le Dieu chrétien, le Dieu de la religion qui est celle de la
Vérité crucifiée, c'est justement ce Dieu-là, disons-nous, qui doit
être conçu dynamiquement. Un processus de création dynamique
s'accomplit en Dieu de toute éternité. Ceci ne veut pas dire que
Dieu dépende du monde et du processus qui s'y déroule, mais que
ce processus se rattache intimement à celui qui s'accomplit en Dieu,
non dans le temps, mais dans l'éternité, c'est-à-dire au drame divin.
Et c'est cela qui confère une signification d'éternel à ce qui se passe
dans le monde et à ce qui arrive à l'homme. Si l'homme et le monde
n'étaient pour Dieu d'aucune nécessité, ils ne seraient que des accidents et, de ce fait même, dépourvus de tout sens. Il faut avoir le
courage de reconnaître que Dieu a besoin de l'homme, sans que
ce besoin constitue une limitation de Dieu, sans qu'il soit question
d'une atteinte à sa soi-disant immobilité de pierre et à sa prétendue
suffisance. Dieu éprouve une nostalgie de l'aimé, et c'est cela qui
confère à l'aimé un sens supérieur. La croyance en Dieu est une
croyance en une Vérité supérieure, en une Vérité qui s'élève au-dessus de la non-vérité du monde. Mais cette Vérité exige une partici-

pation créatrice de l'homme et du monde, elle est à la fois divine et humaine, elle est le produit d'une humanité idéale. C'est dans cette union de la Vérité Divine et de la vérité humaine que réside tout le mystère de la vie religieuse. Les hommes ont cherché à justifier la vie par toutes sortes d'arguments rationnels et optimistes. On a fait appel, pour la justifier, soit à la traditionnelle idée théologique de Providence divine partout présente (« Dieu est en tout »), soit à l'idée idéaliste-panthéiste de développement cosmique de l'Esprit, de la Raison, idée de Hegel, Schelling et autres grands idéalistes, soit enfin à l'idée positiviste de progrès, ce progrès devant aboutir à une vie plus parfaite, plus libre, plus rationnelle, plus juste, dans un temps à venir. Toutes ces justifications n'ont été, au fond, que des expressions du principe irrationnel inclus dans ce monde phénoménal, mais aucune n'a réussi à expliquer l'existence du mal qui règne dans le monde, aucune n'a saisi le caractère tragique du processus cosmique, ce qui a rendu la construction d'une théodicée impossible. Ce qui me paraît le plus inacceptable, ce sont les diverses formes du panthéisme historique qui a une diffusion beaucoup plus large qu'on ne le pense généralement et qui se retrouve jusque dans les doctrines théologiques les plus orthodoxes. Ce qui est vrai pour notre monde phénoménal, ce n'est pas le panthéisme, mais le dualisme, puisqu'il est l'expression d'une lutte entre deux principes opposés. Mais ce dualisme n'est pas définitif. Le dernier mot, le mot encore inexprimé, appartient à Dieu et à la Vérité Divine. Ceci est au delà de tout pessimisme et de tout optimisme. Et en cela réside également notre dernière croyance. C'est grâce à elle que sera surmontée la tragédie de la liberté qui fut le chemin de l'homme et du monde qu'il porte en lui. Mais le monde qui se trouve au delà est incompatible avec un dualisme quelconque, ne supporte pas la séparation, qui rappelle trop le monde d'ici-bas, en paradis et enfer. Contrairement aux représentations propres à la conscience bornée, la chute de l'homme ne donne pas lieu à un processus judiciaire entre Dieu et l'homme, mais provoque une lutte dramatique et un effort créateur de l'homme pour répondre à l'appel divin. Le monde subit l'action non seulement de Dieu et de la liberté humaine, mais aussi celle du *Fatum*. Celui-ci signifie la chute dans la sphère extérieure, la séparation d'avec Dieu. Mais ce n'est là que le chemin. Pour la conscience chrétienne, pour l'Esprit religieux, le Fatum n'est pas insurmontable. Ce serait tomber dans une contradiction logique que de dire que le processus qui se déroule dans le temps enrichit l'éternité, puisque l'éternité renferme le temps. Mais une contradiction logique peut avoir pour nous un sens existentiel.

Chapitre III
Développement et nouveauté

Il est impossible de nier le fait même du développement, qui ne se confond nullement avec celui de la théorie évolutionniste, telle qu'elle a été formulée au cours de la deuxième moitié du XIXe siècle. La vie du monde est avant tout mouvement, changement dans le temps et dans l'espace. Il est permis de s'étonner que la conscience humaine ait mis si longtemps à constater l'existence du développement, bien qu'il faille faire exception pour la pensée grecque qui nous a laissé des ébauches d'une théorie du développement. Pour Héraclite, tout était flux, changement, écoulement perpétuel. Mais ce qui prédominait chez les Grecs, c'était l'ontologisme statique de Parménide et de Platon. La théorie d'Aristote sur la puissance et l'acte peut être interprétée comme une tentative d'expliquer les changements s'accomplissant dans le monde. Les grands idéalistes du XIXe siècle, Schelling, Hegel, etc., ont bien parlé de développement, mais non au sens naturaliste, puisque pour eux il s'agissait de développement de l'Esprit. L'évolutionnisme naturaliste avait pour source les sciences biologiques, ce qui s'explique facilement, étant donné que développement est avant tout *vie*. A la vie est toujours inhérente la tendance soit au développement et à l'accroissement, soit à la décomposition et à la mort. Le monde ne connaît pas l'immobilité : tout y change et se développe. Mais il existe une force d'inertie qui s'oppose à tout changement, une résistance à toute novation. L'organisation et le développement s'effectuent dans le monde en vue de la réalisation de formes supérieures. C'est l'élément irrationnel qui est la source de la vie tendant à l'organisation, et c'est encore cet élément qui s'oppose à la rationalisation définitive. La vie humaine n'est pas seulement susceptible de développement, avec production de nouveautés, de ce qui n'a encore jamais existé, mais aussi d'ossification, de minéralisation. La vie est le théâtre d'une lutte entre deux principes polaires. Les changements qui s'accomplissent dans le monde nous imposent une double attitude. La vie est changement, et sans novation la vie est inconcevable. Mais un changement peut équivaloir à une trahison. La réalisation de la personne humaine suppose le changement et la novation, mais elle suppose aussi l'invariant, sans lequel la personne est inconcevable. A travers tout le développement de la personne, l'homme doit rester fidèle à lui-même, ne pas se trahir, il doit garder son visage qui est fait pour l'éternité. Il faut associer dans la vie le changement tendant à la nouveauté, d'une part, la fidélité, de l'autre. J'ai déjà dit plus haut que la reconnaissance du développement comme fait fondamental de la vie n'exige nullement celle de la théorie de l'évolution, telle qu'elle a été formulée par Spencer, Darwin, Haeckel et autres. Ces théories peuvent être considérées comme périmées, tant au point de vue scientifique que philosophique. L'évolutionnisme du XIXe siècle a été une forme du déterminisme naturaliste et n'a jamais été capable de découvrir les sources de l'évolution. Il parlait des résultats de l'évolution, des formes de changement, mais il ne parlait ni des sources ni des causes de l'évolution. Pour l'évolutionnisme du XIXe siècle, il n'y a ni sujet du développement, ni facteur interne du développement. L'évolutionnisme est au fond une théorie conservatrice, puisqu'il nie toute création dans le monde et ne reconnaît que la redistribution des parties dont le monde se compose. D'après cette théorie, tous les changements seraient dus à des impulsions venant du dehors, sans qu'on puisse constater des changements venant du dedans, de l'activité intérieure, produits par la liberté. On admet des chocs et des impulsions extérieurs se succédant à l'infini, mais on n'atteint jamais l'intérieur, le noyau doué d'une énergie créatrice. Or le vrai développement que la théorie de l'évolution n'appréhende que du dehors est, au fond, le résultat d'un processus créateur intérieur. L'évolution n'est que l'expression selon l'horizontale, selon la surface plane, d'actes créateurs qui s'effectuent selon la verticale, dans la profondeur. Le matérialisme dialectique, sous la forme sous laquelle il a été adopté en Russie Soviétique, avait essayé d'apporter des corrections à la théorie de l'évolution et de reconnaître le mouvement spontané intérieur. Cela équivalait à attribuer à la matière les qualités de l'Esprit : activité créatrice, liberté, raison. Procéder de la sorte, c'est faire violence à la terminologie. Le déterminisme naturaliste exige une révision radicale. Il n'existe pas de lois de la nature exerçant un pouvoir tyrannique sur le monde et sur l'homme. Il n'y a que des forces qui agissent dans certaines directions, et les actions, lorsqu'elles affectent certains rapports, donnent des résultats uniformes. Le changement de direction de ces forces peut changer cette uniformité. A la base de ces forces se trouve un principe spirituel, un noumène. Le monde matériel n'est qu'une extériorisation et une objectivation de principes spirituels, un processus de pétrification, d'emprisonnement. On pourrait assimiler les lois à des habitudes contractées par les forces agissantes, et dire de ces habitudes que ce sont de mauvaises habitudes. L'irruption de nouvelles forces spirituelles est susceptible de modifier le résultat de la nécessité soumise à des lois, d'apporter une nouveauté qui est une véritable création.

La théorie du développement dialectique, élaborée par Hegel, est beaucoup plus profonde que la théorie de l'évolution née dans la deuxième partie du XIXᵉ siècle et n'a pas un caractère naturaliste. C'est le développement dialectique de l'Esprit qui se déroule selon le schéma trinitaire de la thèse, de l'antithèse et de la synthèse. Le développement est déclenché par une contradiction interne qui doit être résorbée. La douleur ayant pour cause la négation joue un grand rôle dans la philosophie dialectique hégélienne. La dialectique, le dynamisme sont déterminés par l'existence d'un *autre*, et c'est là une vue très profonde. Pour la théorie de l'évolution, toute en surface, *l'autre* n'existe pas, d'où absence, dans cette théorie, d'un vrai dynamisme. Le monisme de Hegel est, à la différence de celui de Spinoza, un monisme dynamique, puisqu'il affirme l'unité de l'être et du non-être, l'identité des contraires. Bien que Hegel lui-même fût en politique conservateur, sa philosophie contenait pas mal d'éléments pouvant être utilisés comme explosifs. Son erreur avait consisté en ce qu'il croyait à la possibilité d'une résolution dialectique immanente des contradictions, alors qu'elle ne peut être que transcendante. L'immanentisme émousse l'acuité des contradictions dialectiques. La théorie de l'évolution, toute en surface, ne reconnaît pas l'existence de contradictions. Le développement dialectique à travers la contradiction implique une grande vérité, parce que c'est lui qui trace la voie à l'histoire et décide des destinées humaines. Mais chez Hegel la liberté, au lieu d'être la cause du développement, en est le résultat. La liberté est pour lui un produit de la nécessité, la nécessité parvenue à la conscience. C'est ainsi que la théorie hégélienne du développement dialectique n'en reste pas moins un déterminisme, mais un déterminisme logique, et non naturaliste. Le devenir est le résultat nécessaire, inévitable des rapports entre l'être et le non-être. Pour Kierkegaard, qui voulait s'affranchir du déterminisme, toute nouveauté était l'effet d'un saut. Ce qui signifie que toute nouveauté est un effet et un produit de la liberté. De quelque manière qu'on conçoive l'évolution, elle est toujours une objectivation, et c'est par quoi elle diffère de la création. Le titre : *L'évolution créatrice*, que Bergson a donné à son livre, est un titre équivoque et atteste la présence d'éléments naturalistes dans sa métaphysique. La création appartient au règne de la liberté, tandis que l'évolution est du domaine de la nécessité. J'ai déjà dit que le vieil évolutionnisme était obligé de nier la possibilité de toute création de nouveauté, qu'il était emprisonné dans le cercle immanent des forces cosmiques. L'apparition du nouveau, de ce qui n'a encore jamais existé constitue le plus grand mystère de la vie cosmique. Pas plus que le cercle fermé de la nature, le cercle fermé, bien que plus profond, de l'Etre ne saurait admettre ni expliquer l'apparition du nouveau. Le mystère de cette apparition est lié au mystère de la liberté et ne peut, par conséquent, pas être déduit de l'Etre. L'acte créateur est un acte par lequel la liberté fait irruption dans le monde phénoménal ; c'est un acte qui a ses origines dans le monde nouménal. L'acte créateur, réalisé par la liberté, n'est pas le résultat d'un développement : c'est le développement lui-même qui est le résultat objectivé d'un acte de libre création. C'est un mystère qui se dévoile par un mouvement vers la profondeur, vers la profondeur sans fond, et non par un mouvement vers le dehors, comme dans la théorie de l'évolution. La déchéance du monde objectivé, où règnent la nécessité et le fatum, est le résultat d'une certaine orientation de la liberté dans la profondeur, par la rupture entre l'humain et le divin, et c'est grâce à la reconstitution du lien entre le divin et l'humain que peut s'effectuer l'ascension. Le monde créé est un monde de possibilités. Ce n'est pas un monde achevé, statique, et c'est dans ce monde que doit se poursuivre le processus de création, ce qui ne peut être que l'œuvre de l'homme. Tout le possible doit se dévoiler, doit être réalisé. Le développement créateur du monde doit être considéré comme le huitième jour de la création. La création n'est pas seulement un processus allant de Dieu vers l'homme : de l'homme aussi Dieu exige des nouveautés créatrices, des créations nouvelles, il attend les œuvres de la liberté humaine.

La conception de développement doit être appliquée aussi à l'histoire de la religion, à celle du christianisme. Le christianisme ne peut être compris, tant qu'on le considère comme une religion statique. Ainsi que nous l'avons déjà dit, il y a des époques de révélation, des éons de l'histoire du monde. La réception de la révélation suppose une spiritualisation, et la révélation elle-même subit une humanisation, au sens d'une ascension vers une humanité supérieure, c'est-à-dire vers l'union du divin et de l'humain. Le développement du christianisme a été double : il s'est en effet accompli dans le sens d'un perfectionnement, d'un enrichissement, de créations, de l'apparition de nouveautés, et dans le sens d'une dégénération, de déformations, d'adaptations au niveau humain moyen, d'une trahison envers les sources d'où il avait jailli, d'une déviation par rapport à son point de départ primitif. Le cardinal Newman et Vl. Soloviov étaient d'avis que les dogmes étaient susceptibles de développement et croyaient à la possibilité de mettre au jour ce qui était encore caché. Mais ils n'ont pas formulé cette opinion avec assez de force et n'en ont pas tiré des conclusions radicales. Le développement du christianisme dans le monde est un processus à la fois divin et humain, complexe, et qui ne peut être compris qu'à la lumière de l'union du divin et de l'humain. Les sources du christianisme apparaissent d'autant plus évidentes qu'on les envisage à une lumière plus forte et sans cesse renouvelée. Les changements que subit la conscience, l'épanouissement et l'affermissement de l'élément humain et l'affinement de l'âme ont pour effet de projeter une nouvelle lumière sur la vérité religieuse, ce qui signifie que la révélation, qui a sa source dans la Vérité éternelle, n'est pas donnée statiquement, dans un état achevé une fois pour toutes, mais qu'elle a une histoire intérieure. A cela se rattache la question des courants modernistes dans la conscience chrétienne des XIXe et XXe siècles. Le mot même de modernisme présente un grave défaut, en ce sens qu'il semble impliquer la subordination de l'éternel au temporel, alors qu'il s'agit en réalité de se soustraire aux prétentions du pouvoir historique et temporel, pour s'élancer vers l'éternel. Ce qui, dans la vie religieuse, était considéré comme éternel n'a été le plus souvent qu'une manifestation du temporel et de son pouvoir, c'est-à-dire manquait de spiritualité. C'est pourquoi je préfère au mot *modernisme* celui de *pneumatique*. Ce qui est vrai dans le modernisme, c'est qu'il tient compte des changements qui se produisent dans le milieu humain et dans la conscience humaine, et c'est en rapport avec ces changements que la réception de la révélation change, elle aussi, en surmontant les alluvions historiques, en préparant la possibilité de nouvelles révélations ou, plus exactement, d'une seule révélation, de la révélation définitive de l'Esprit. Les courants modernistes se sont occupés plus particulièrement des rapports entre le christianisme, d'une part, les connaissances scientifiques accumulées et les transformations qu'elles ont provoquées dans la vie sociale, de l'autre. Ces courants n'ont pas atteint le fond des choses, mais ils ont eu l'utilité d'un processus de purification et de préparation. La foi de l'homme doit passer par la critique, par des luttes de l'esprit, car c'est ainsi seulement qu'elle acquiert une valeur supérieure.

L'homme doit passer par une phase de doutes, de dédoublement, de souffrances, et c'est seulement lorsqu'il a surmonté tout cela qu'il se trouve aguerri spirituellement et prêt à accéder à un degré de spiritualité plus élevé. Dostoïevski aimait à répéter que sa foi avait passé par un enfer de souffrances dont les athées, hommes superficiels, n'avaient aucune idée. Tout ce qui se passe dans l'homme et tout ce qui arrive à l'homme au cours de l'histoire est d'une importance énorme pour la plénitude de la vérité à la fois humaine et divine. Le monde change selon le point de vue duquel on l'envisage, il change selon l'âge, la classe sociale, la profession de celui qui l'envisage. Et ce n'est pas seulement le monde qui change ainsi, mais aussi les révélations qui viennent d'un autre monde, d'un monde supérieur. Tout change, selon la hauteur à laquelle se trouve l'homme ou selon sa bassesse, selon le développement plus ou moins grand de son pouvoir créateur, selon la profondeur plus ou moins grande de sa déchéance. On a voulu stabiliser la vérité de la révélation, en l'adaptant à la conscience de l'homme moyen, normal, et en identifiant cette conscience avec la nature éternelle de l'homme. La vérité de la révélation se trouva ainsi statiquement immobilisée et comme pétrifiée. On a frappé d'interdit l'activité créatrice, on ne voulait pas, parce qu'on en avait peur, reconnaître la nature créatrice de l'homme et la possibilité de novations. Les mauvaises nouveautés s'imposaient quand même, mais on a décrété l'impossibilité de bonnes. C'est ainsi que s'est produite l'ossification du christianisme, la mortification et l'extinction de l'esprit. Mais il est dit : n'éteignez pas l'esprit. Ce qui n'avance pas, ne se développe pas vers la nouveauté du Royaume de Dieu, recule et se transforme en minéral. La vérité est le chemin et la vie, et non un objet.

L'âme européenne s'est révélée très dynamique au cours de l'histoire et a subi de grandes transformations. Le christianisme ne se trouve pas en présence de la même âme qu'au moyen âge ou aux siècles du christianisme primitif. Une sensibilité toute nouvelle règne dans l'âme d'aujourd'hui, des éléments tout nouveaux s'y sont formés ; il suffit, à ce propos, de citer les noms de Pétrarque, de Rousseau, les romantiques du commencement du XIXe siècle, Dostoïevski, Kierkegaard, Nietzsche, Ibsen et les symbolistes du XIXe siècle, la génération des communistes du commencement du XXe. Il est impossible de ne pas tenir compte de l'expérience qui se développe à travers les mouvements intellectuels les plus marquants de notre époque. Citons Heidegger et la philosophie existentielle, Freud et la psychanalyse, Karl Barth et la théologie dialectique, Husserl et la phénoménologie, le racisme et le totalitarisme, le marxisme et le communisme. Ce sont Nietzsche, Marx et Kierkegaard qui exercent le plus grand pouvoir sur les âmes, ils sont ceux dont l'influence dépasse toutes les autres. Les vieux catéchismes chrétiens ne sont plus capables de résoudre les nouveaux problèmes qui se posent, d'apaiser les nouvelles inquiétudes. Aux premiers siècles du christianisme les docteurs donnaient des réponses aux questions qui se posaient à propos des hérésies de cette époque. Notre époque ne connaît pas d'hérésies semblables à celles d'autrefois. Mais il y a de nos jours des hérésies d'un style nouveau qui, tout en prétendant être en dehors des limites de la dogmatique chrétienne, n'en demandent pas moins une réponse chrétienne. Or, ce ne sont pas les formes mortes du christianisme historique qui sont capables de donner cette réponse. Citons, à ce propos, la question de l'audace créatrice de l'homme, celle des nouvelles formes du mal, qui ne peut pas être résolue sur la base de la vieille morale normative, celle de l'attraction exercée par l'abîme du non-être, celle d'une nouvelle liberté que les siècles précédents n'ont pas connue, celle du passage de la liberté à l'esclavage, celle du mystère de la personne et de la destruction de ce mystère, celles enfin de la société parfaite à réaliser sur la terre, de ses séductions et de toutes les autres formes d'auto-affirmation et d'orgueil humain : autant de questions qui ne se sont jamais posées d'une façon aussi aiguë et impérieuse que de nos jours. Bref, l'élément psychique de l'homme a subi des changements très profonds. L'anthropologie de la vieille littérature patriotique ne correspond plus à l'état d'âme de l'homme moderne qui a subi un développement très complexe. Les énergies qui étaient enfouies dans les couches profondes de l'âme se sont affirmées et épanouies. Mais il s'agit là d'un développement très compliqué et double. On assiste, d'une part, à l'approfondissement de l'homme, d'autre part à sa projection à la surface. D'une part, sous l'influence de Rousseau et des romantiques, l'émotivité de l'homme s'intensifie et augmente par rapport à ce qu'elle était aux siècles précédents, mais, d'autre part, elle s'affaiblit et s'émousse sous l'influence de la technique, au contact froid du métal. Cette complexité se manifeste avec une netteté particulière dans le développement moral. Ce serait une erreur de prétendre que la perfection morale de l'homme et des sociétés humaines s'accomplit selon une ligne sans cesse ascendante. Il y a aussi régression morale, apparition incessante de nouvelles formes de bestialité humaine, de formes plus raffinées et plus repoussantes. La conscience morale des siècles passés exigeait la torture, et cela en vertu d'une croyance qui n'était qu'une superstition. Mais pour la conscience morale de nos jours la torture est un procédé effrayant. Les hommes des siècles précédents ont souvent été meilleurs. Il n'en demeure pas moins que le progrès de la conscience morale est une réalité. L'humanité est un phénomène nouveau, un produit de l'action cachée, souterraine de christianisme. Il y a de nos jours plus de laideur morale que dans le passé moins humain, plus dur, mais déjà la conscience se croit apte à juger cette moralité moderne. Le modernisme peut être mauvais, parce qu'il repose sur la mode et l'imitation, sur l'asservissement au temps. La sensibilité et la finesse esthétiques peuvent augmenter, mais la succession de courants dans l'art n'a rien à voir avec le progrès. On ne saurait dire que les écrivains contemporains occupent un niveau plus élevé que Sophocle, Dante ou Shakespeare. La succession du classicisme, du romantisme, du réalisme, du symbolisme, du surréalisme, de l'expressionnisme, etc., représente non un développement, mais l'histoire de l'âme humaine, telle qu'elle se reflète dans ces recherches. L'évolution n'est pas toujours l'équivalent du progrès, du mouvement vers un but supérieur, vers le royaume de Dieu : elle peut même parfois signifier une régression. Le nouveau n'est pas toujours meilleur que ce qui existe déjà, il n'est pas toujours un degré qui nous rapproche de la valeur la plus haute. Le culte du nouveau comme tel est aussi mauvais que le culte du passé comme tel. Une vraie nouveauté religieuse suppose toujours une nouvelle époque de l'Esprit. Et cette nouvelle époque ne peut être que celle d'une nouvelle révélation, œuvre non seulement de Dieu, mais aussi de l'activité créatrice de l'homme. On ne peut parler ainsi que pour autant qu'on admet une conception dynamique aussi bien de la vie du monde que de la vie de Dieu. La perspective d'un développement se poursuivant à l'infini, telle que le conçoivent les adeptes de la théorie du progrès comme Condorcet et autres, est fausse. Mais le progrès peut tendre non vers un autre Infini, mais vers une fin. Et c'est pourquoi c'est l'eschatologie qui rend possible une compréhension profonde du développement.

Chapitre IV
LA PEUR

Nous avons parlé jusqu'ici de ce qui est en haut. Nous allons parler maintenant de choses d'en bas [1]. La peur est à la base même de la vie de ce monde. Il existe un *terror anticus*, terreur antique. Il n'existe pas, dans la langue russe, de mot correspondant au mot allemand *Angst* et au mot français *angoisse*. La terminologie elle-même, qui fait une distinction entre *Angst* et *Furcht* (crainte, peur)

---

1 Cf. le livre de KEYSERLING : *Méditations sud-américaines* ; celui de KIERKE-GAARD : *Le concept d'angoisse* et celui de HEIDEGGER : *Sein und Zeit*.

date surtout de Kierkegaard. A toutes les définitions de l'homme on peut ajouter celle d'après laquelle il serait un être capable d'éprouver de la peur. Ceci s'applique d'ailleurs à tous les êtres vivants. Les animaux peuvent éprouver des peurs terribles. La peur a pour cause la situation pleine de dangers et de menaces et qui est celle de la vie dans ce monde. Plus la vie est parfaite et individualisée, et plus elle est menacée, plus elle est exposée à des dangers, plus elle est guettée par la mort. Il faut à tout instant se défendre contre des dangers. On peut dire que, pour une grande part, l'organisme est constitué en vue de la défense. La lutte pour l'existence, qui remplit la vie, suppose la peur. C'est une erreur de croire que la peur et le courage s'excluent réciproquement. Le courage signifie moins l'absence de peur, que la victoire sur la peur, et cela dans une certaine direction. Un homme peut être très courageux sous un rapport et lâche sous un autre : par exemple, courageux à la guerre et lâche devant sa propre femme ; il peut être un héros ne craignant pas la mort et avoir peur des souris ou des chenilles ou d'une maladie contagieuse. On peut être courageux dans une lutte d'idées et éprouver la peur devant une difficulté matérielle, et il y a des hommes ayant un grand courage physique et peu de courage moral, et inversement. Un homme peut acquérir un grand courage dans certaines sphères de la vie et ne pas pouvoir résister à la peur quand il se trouve placé dans d'autres sphères. Mais partout et toujours le problème spirituel consiste à vaincre la peur qui humilie l'homme. Innombrables sont les violences et les cruautés qui, dans la vie humaine, sont provoquées par la peur. La terreur est une cause de peur non seulement pour ceux contre qui elle est dirigée, mais aussi pour ceux qui l'exercent. On sait que les gens atteints de la manie de la persécution ne vivent pas seulement dans un état de peur perpétuel, mais finissent, en devenant persécuteurs eux-mêmes, par plonger dans cet état de peur les autres. Les hommes les plus terribles sont les hommes obsédés par la crainte. La peur exerce une action destructrice, et elle est inséparable du temps, du fait qu'il y aura un avenir, que les changements qui s'effectuent comportent toujours des menaces. L'avenir peut apporter des souffrances, et certainement la mort, l'éventualité la plus terrible de toutes celles qui menacent la vie. La plupart des anciennes croyances et superstitions ont été provoquées à la fois par la peur et par un violent désir.

Pour Kierkegaard et pour Heidegger qui le suit sur ce point, l'*Angst* nous place devant l'abîme du non-être [1]. C'est un événement qui se trouve à la limite qui sépare le monde primitif extérieur du super-moi. Pour ces philosophes, la peur est une réaction contre quelqu'un ou quelque chose que nous nous représentons comme menaçant de détruire notre propre *Dasein* (être-là). Mais l'*Angst* n'est pas provoquée par quelque chose de précis : elle nous place devant le monde à l'état pur. Chez Heidegger, le *Dasein* se réfugie dans le *Man* (on), pour fuir l'inconnu, l'étranger. L'*Angst* est un état de langueur qu'éprouve l'homme, échoué dans ce monde. Le *Dasein* est le souci, c'est-à-dire l'Etre jeté dans le monde où il se perd. Le souci est une mort de tous les instants. L'acceptation de la mort se rapproche quelque peu de l'*amor fati* de Nietzsche. La conscience morale dépasse le *Man* (on) et le détruit. D'où Heidegger déduit-il tout cela ? L'*Angst* se rattache au néant : *Das Nichts selbst nichtet* (Le néant lui-même se néantise). Chez Kierkegaard, l'*Angst* a plutôt un caractère psychologique, tandis que chez Heidegger elle a un caractère cosmique. Mais l'angoisse devant la mort et devant le Néant n'est possible que là où il y a une personne, elle n'existe que pour la personne. Chez Heidegger tout vient d'en bas, rien d'en haut : le haut n'existe d'ailleurs pas pour lui. On se demande alors d'où vient ce qui est supérieur et ce qui juge, car cela aussi existe chez lui. La même question se pose à propos de Nietzsche. L'attitude de Kierkegaard est bien meilleure sous ce rapport. D'après lui, l'angoisse est la conséquence de la rupture avec Dieu. Mais que le monde et l'homme soient abandonnés par Dieu ou que Dieu soit abandonné par l'homme et par le monde, dans les deux cas la rupture avec Dieu suppose l'existence de Dieu. L'homme se trouve placé devant l'abîme du néant, et il éprouve une angoisse et une terreur, parce qu'il s'est séparé de Dieu. L'angoisse est la conséquence d'une séparation, d'une rupture, d'un sentiment d'abandon, d'aliénation. Au point de vue psychologique, l'angoisse est le sentiment qu'on éprouve devant la souffrance. L'homme éprouve l'angoisse de la terreur, lorsqu'il se trouve, par la souffrance, acculé à un mur derrière lequel il y a non-être, vide, néant. Ceci n'a rien de commun avec le Nirvana bouddhique qui est une

1 Voir l'excellent livre, déjà cité, de WOEHLENS : *La philosophie de Martin Heidegger*.

issue vers la transfiguration [1]. Cette angoisse-terreur ne doit pas être confondue non plus avec ce que R. Otto appelle *mysterium tremendum* [2] et qui est le sentiment primaire que nous avons de la Divinité. Le paradoxe consiste en ceci que c'est justement ce qui délivre de la souffrance, à savoir le non-être, le vide, le néant, qui inspire la plus forte terreur. Il faut distinguer entre la terreur animale, propre aux plus bas degrés de la vie, et l'angoisse spirituelle, propre à des états plus élevés. On éprouve de l'angoisse devant les violences susceptibles de venir d'un monde inférieur, et il y a l'angoisse devant les menaces ayant leur source dans un monde supérieur. Il y a la crainte de Dieu, pour laquelle il faudrait trouver un autre mot. Dieu est le feu qui consume.

Epicure croyait avoir réfuté la religion en disant qu'elle a été engendrée par la peur. Mais la peur est un état d'âme beaucoup plus profond et sérieux qu'il ne croyait. Il n'a pas lu Kierkegaard et tous les autres. Les premières phases de la révélation du divin dans le monde sont caractérisées par la terreur et l'angoisse. Ceci tenait à l'état d'infériorité dans lequel se trouvait l'homme et à l'état du monde dans lequel il était plongé, à la faiblesse de sa conscience, plongée dans les ténèbres, craignant la lumière. Le primitif *mysterium tremendum* se confond avec la crainte et la peur. La vie religieuse était une vie d'angoisse, de crainte, mais on pourrait dire aussi que le but de la vie religieuse est la victoire sur la crainte. Dieu devait au début provoquer la crainte, bien que Dieu soit la force bienfaisante, appelée à délivrer l'homme de la crainte devant la vie et le monde. Ce n'est que lentement que la conscience chrétienne s'est délivrée de la peur, peur du diable et de l'enfer ; lentement l'idée de Dieu s'est épurée et délivrée de la peur que les hommes y rattachaient. La grande tâche spirituelle qui s'impose à l'homme consiste à se délivrer de la peur, de superstitions, de la croyance aux tourments infligés par des diables et des démons, de la crainte servile devant la puissance et le pouvoir, devant l'impitoyable jugement dernier, du fanatisme et de l'intolérance, de la haine de l'ennemi, de la soif de vengeance, de l'objectivation du mal qui est dans l'homme lui-même. On craint toujours ce qui est inférieur et mauvais, et ce n'est que pour une conscience obscurcie que cette crainte se présente comme venant du supérieur. La peur

1 Voir ZUZUNI : *Essai sur le bouddhisme Zen.*
2 R. OTTO : *Das Heilige.*

gouverne le monde. Le pouvoir se sert de la crainte, en quoi il reste fidèle à sa nature. La société humaine a été bâtie sur la peur. Et c'est parce qu'elle a été bâtie sur la peur qu'elle se trouve édifiée sur le mensonge, car la peur engendre le mensonge. On redoute la vérité, parce qu'elle ouvre la perspective de la diminution de la peur, ce qui mettrait dans l'impossibilité de gouverner les hommes. On prétend que la vérité pure serait susceptible d'amener la chute des royaumes et des civilisations. C'est pourquoi le christianisme s'est adapté, lui aussi, à cet état de choses qui comporte le règne de la peur. Or ce règne de la peur aboutit périodiquement à des régimes totalitaires et à la terreur. Toute autorité, quelle qu'elle soit, est plus ou moins fondée sur la peur qu'elle inspire. Le contraire de la peur, c'est la liberté. C'est par crainte qu'on cachait aux hommes la vérité sur la liberté, et c'est par crainte qu'on a fini par adapter la vérité à la quotidienneté. La crainte cache toujours la vérité, laquelle ne se découvre que lorsque l'expérience vécue de la crainte fait enfin entrevoir la possibilité de la surmonter, de s'en délivrer. La peur est liée non seulement au mensonge, mais aussi à la cruauté. Deviennent cruels non seulement ceux qu'on craint, mais aussi ceux qui craignent. Non seulement les masses sont gouvernées par la crainte, mais elles gouvernent elles-mêmes par la crainte. La crainte qui règne dans la vie sociale, témoigne d'un manque de confiance en l'homme. Et la crainte est toujours conservatrice, bien qu'elle affecte souvent des apparences révolutionnaires. La crainte de l'enfer dans la vie religieuse, la crainte de la révolution ou de la perte de la propriété dans la vie sociale dépouillent toutes choses de leur valeur. L'homme vit dans la peur de la vie et dans la peur de la mort. La peur règne aussi bien dans la vie individuelle que dans la vie sociale. Les soucis, le manque de sécurité dans la vie finissent par engendrer l'angoisse. Mais ce qui importe avant tout, c'est que la peur déforme la conscience et empêche de reconnaître la vérité. L'homme se trouve devant un conflit entre la peur et la vérité. L'homme éprouvé par les souffrances redoute la vérité, il craint d'être blessé par elle. L'intrépidité devant la vérité constitue la plus grande conquête de l'esprit. L'héroïsme n'est en effet pas autre chose que l'intrépidité devant la vérité, devant la vérité et la mort.

La vie religieuse a été déformée par la peur, dont on s'est servi pour assurer la perpétuation d'un ordre de choses injuste et mauvais. Lorsque le monde antique approchait de sa fin, il était torturé par la crainte des démons et des esprits de la nature, et c'est dans les mystères qu'il cherchait le salut. Une des plus grandes réalisations du christianisme, que doivent reconnaître même les non-chrétiens, avait consisté dans la libération de l'homme de l'idolâtrie, de l'asservissement aux craintes. Mais ces craintes ont réussi à se glisser dans le christianisme lui-même, et les vieux démons, avec le diable à leur tête, s'attaquèrent aux chrétiens aussi. La crainte de l'inférieur s'accompagna de la crainte du supérieur, la crainte du diable de la crainte de Dieu. La différence entre les états désignés par les mots : peur (*Furcht*) et angoisse (*Angst*) s'effaça. On étendit à Dieu les émotions qu'on éprouvait en présence des forces cosmiques et sociales. C'est ce qui s'appelle cosmomorphisme et sociomorphisme. La peur ancienne fut cristallisée et transformée en doctrine, dont il n'est pas facile de débarrasser le christianisme. On mit la crainte et la peur au-dessus de la bonté qu'on craignait comme une faiblesse. On reproche à la théologie chrétienne son intellectualisme, et l'on a raison, l'intellect ne pouvant jamais être séparé de la volonté et du sentiment. Les doctrines théologiques officielles sont viciées par la présence de cette émotivité due à la peur et qui y joue un rôle plus grand que l'intellect. La psychopathologie moderne s'est beaucoup attachée à l'étude des craintes, des angoisses et des phobies de toute sorte. Elle a ainsi contribué à l'épuration de la conscience religieuse, en la libérant des craintes qui la tourmentaient. Il est probable que, dans les limites de ce monde phénoménal, l'homme, qui sera toujours exposé à des dangers et à des menaces, ne réussira pas à se libérer définitivement des craintes. Mais ce qui est possible, c'est d'éliminer les craintes de la vie religieuse et de l'attitude envers Dieu. Ce qui est également possible, c'est d'éviter la confusion entre la peur d'ordre inférieur et l'état d'angoisse, qui est un état supérieur. Kierkegaard dit de l'*Angst* qu'elle est le vertige de la liberté. Chez lui, le néant, le non-être assume une signification positive, et non négative. On ne pourrait en dire autant de la peur. Mais Hegel a compris mieux que tous les autres que, sans le non-être, le devenir est inconcevable. La crainte se rapporte toujours à une souffrance, elle est éprouvée comme une souffrance, elle est la crainte de la souffrance. Nous parlerons de la souffrance dans le chapitre qui suit. Il est impossible de séparer la crainte et l'angoisse de ce phénomène central de la vie humaine. L'homme se trouve détaché du monde supérieur et tombe sous la dépendance du monde inférieur. Et c'est ce détachement qui est la cause de l'angoisse et qui est l'essence de la souffrance. Mais l'attachement au monde inférieur est tel qu'on finit par se représenter à son image le monde supérieur lui-même. L'angoisse et la souffrance, qui ont leurs sources dans le monde inférieur, lequel est pour l'homme un monde de servitude et d'esclavage, peuvent être éprouvées comme si elles venaient du monde supérieur, qui devrait plutôt être un monde de délivrance. J. Bœhme a fort bien dit que l'amour divin agit dans les ténèbres comme un feu dévorant. La crainte abaisse la dignité de l'homme, la dignité de l'esprit libre. La peur a toujours été considérée comme une lâcheté dans la vie militaire, surtout à la guerre. Les hommes qui, dans une guerre, réussissaient à surmonter ce sentiment accomplissaient des miracles de courage, devenaient des héros. Mais cette victoire sur la peur ne s'étendit que difficilement aux autres domaines de la vie et, moins qu'aux autres, à la vie spirituelle. On ne saurait trop répéter que la délivrance de la peur constitue la principale tâche spirituelle de l'homme. Se rapprocher de l'absence de peur, c'est se rapprocher de l'état le plus élevé de l'homme. Nous parlons d'approche, car nul ne saurait dire que ce sentiment lui soit tout à fait étranger. La peur est une expression des rapports entre la conscience d'une part, l'inconscient et le surconscient de l'autre. Elle vient des profondeurs du subconscient, des sources primitives de l'homme. La conscience peut augmenter la peur, dont l'intensité est souvent en rapport avec la lucidité de la conscience. Seul le surconscient est à même de vaincre définitivement la peur, et cette victoire est une victoire de l'esprit. On a dit que le parfait amour chasse la peur. Mais le parfait amour est si rare que c'est toujours la peur qui domine la vie humaine. La peur existe à un degré intense dans l'amour-Eros, il est la base de la vie sexuelle. La peur vicie l'humain, et c'est à cela qu'est due la complexité du processus traduisant les rapports du divin et de l'humain.

Chapitre V
LA SOUFFRANCE

Je souffre, donc je suis. Ceci est plus exact et plus profond que le *Cogito* de Descartes. La souffrance se rattache à l'existence même de la personne et de la conscience personnelle. D'après J. Bœhme, la souffrance, *Qual, Quelle, Qualitaet,* est la source même d'où jaillit la création des choses [1]. La souffrance est l'expression non seulement de l'état d'impuissance animale de l'homme, c'est-à-dire de sa nature inférieure, mais aussi de sa liberté, de sa personne, donc de sa nature supérieure. Le renoncement à la spiritualité, à la liberté, à la personnalité peut bien avoir pour effet le soulagement de la souffrance, la diminution de la douleur, mais cela signifierait aussi une répudiation de la dignité humaine. D'ailleurs, ce n'est pas en se laissant choir dans l'état inférieur, animal, qu'on assure son salut, parce que la vie dans ce monde est justement telle qu'elle n'est ni ménagée ni protégée. Effrayant est le gaspillage de vies dans ce monde et absurde la suppression violente de vies innombrables, condamnées à livrer une lutte terrible pour l'existence. Ce n'est pas en se plongeant dans la sphère biologique de l'existence qu'on peut se soustraire à la souffrance. La souffrance est le fait fondamental de la vie humaine. Toute vie qui, dans ce monde, a atteint l'individualisation est vouée à la souffrance. L'homme naît au milieu de souffrances et il meurt au milieu de souffrances ; la souffrance accompagne les deux événements les plus importants de la vie humaine. La maladie, qui est peut-être le plus grand des maux, guette constamment l'homme. Ce n'est pas sans raison que les psychanalystes parlent de « traumatisme » de la naissance, de la peur et de l'angoisse qui s'emparent de l'homme dès qu'il vient au monde. Le Bouddha enseignait que tout désir engendre la souffrance. Mais la vie n'est faite que de désirs, donc de souffrances. D'où il résulte qu'accepter la vie, c'est accepter la souffrance. Les sentiments de tristesse et de compassion que nous inspirent les souffrances qui accompagnent la vie ne doivent pas se borner au seul monde humain. Les animaux éprouvent des peurs terribles, et ils sont plus désarmés que les hommes. Rien de plus absurde que la théorie cartésienne d'après laquelle les animaux seraient de simples auto-

---

1 Voir ce que dit à ce sujet HEGEL dans sa *Grande Logique.*

mates. Le christianisme n'a pas suffisamment insisté sur les devoirs de l'homme envers les animaux, et sous ce rapport le bouddhisme lui est supérieur. L'homme a des devoirs envers la vie cosmique. Une faute pèse sur lui. Lorsque, assistant à l'agonie de mon chat bien-aimé, je l'ai entendu pousser son dernier cri, ce cri éveilla en moi l'écho de toutes les souffrances du monde, de toutes les créatures du monde. Chacun partage ou doit partager les souffrances des autres et celles du monde entier. La souffrance constitue le principal thème de toutes les rédemptions religieuses et, en général, de toutes les religions. Grâce à la souffrance, l'homme traverse des moments de séparation d'avec Dieu, mais grâce à la souffrance il aboutit aussi à la communion avec Dieu. La souffrance peut aussi se transformer en joie. L'homme est très malheureux sur la terre, il est obsédé par une crainte perpétuelle, la terreur et l'agonie sont son lot ici-bas. Mais c'est également le lot de tout ce qui est vivant. En revanche, l'homme possède le pouvoir de créer, d'accomplir des exploits héroïques, de connaître l'extase. Il est une créature à la fois inférieure et supérieure. C'est ce que Pascal comprenait mieux que quiconque. L'incapacité d'éprouver de l'enthousiasme, des états extatiques est une source de souffrances, une cause de déchirement, d'affaiblissement de la vie créatrice. Le malheur vient avant tout du déchirement, du dédoublement. La question capitale, la plus importante qui se dresse devant l'existence humaine, est celle-ci : Comment vaincre la souffrance ? Comment la supporter ? Que faire pour ne pas être écrasé par elle ? Que faire pour diminuer la somme des souffrances pour tous les hommes et pour tout ce qui est vivant ? Des religions de Dieu souffrant avaient déjà existé avant le christianisme : celle de Dionysos, celle d'Osiris, etc. Il existe la souffrance de Dieu, et cette souffrance est une souffrance rédemptrice. C'est en cela que consiste le mystère du christianisme. Mais les doctrines théologiques craignaient de reconnaître la souffrance de Dieu et ont toujours condamné ce qu'on appelle le patro-passionnisme. Mais ici tout se tient sur une pointe comme chaque fois qu'on se trouve devant le mystère. La souffrance du Fils de Dieu, de Dieu-Homme s'impose comme une évidence. Dans ce mystère, les souffrances humaines et les souffrances divines se trouvent confondues, en lui se trouve supprimée la séparation du divin et de l'humain, l'aliénation de l'humain par rapport au divin.

Pourquoi l'homme souffre-t-il tant dans ce monde ? Et peut-on approuver Dieu, en présence de toute cette somme de souffrances ? Telle est la question qui tourmentait tant Dostoïevski. Radichtchev, l'ancêtre de l'intelliguentzia russe, fut bouleversé, alors qu'il était encore tout jeune, par le spectacle des souffrances humaines. C'est là un thème essentiellement russe. La pitié pour ceux qui souffrent, pour les victimes innocentes entraîne d'abord une rupture avec Dieu, puis une révolte contre Dieu. Ce qui représente ici le thème principal, c'est la souffrance imméritée, la souffrance des innocents. Ce thème se trouve posé dans le livre de Job. Et que Dieu nous garde de ressembler aux consolateurs de Job. Il y a dans le monde des souffrances qui ne sont pas des expiations de péchés. Les souffrances les plus évidentes sont celles qui atteignent le corps, le corps qui impose les limites aux aspirations infinies de l'homme, qui est la proie de maladies, qui vieillit et meurt, qui est engagé dans la pénible lutte pour l'existence. L'homme porte en lui les malédictions du corps avide de jouissances fugitives et illusoires et qui lui inflige beaucoup de souffrances. La naissance de l'homme a pour cause la sexualité, mais sa mort est due à la même cause. Il y a des instants de joie, mais l'atmosphère générale de la vie est faite de souffrances et de soucis. Le peuple grec, dont on dit qu'il était celui qui éprouvait la plus grande joie de vivre, nous a fait connaître dans ses œuvres, et surtout dans ses tragédies, que le plus grand bonheur qui aurait pu arriver à l'homme c'était de ne pas naître. Gœthe et Tolstoï furent des hommes de génie ayant eu le plus de chances dans la vie et extérieurement heureux, mais le premier a déclaré que dans toute sa vie il n'a connu que quelques heures de bonheur, tandis que l'autre voulait se suicider. Comment expliquer la souffrance ? D'après le philosophe hindou contemporain, Aurobindo, la souffrance serait une réaction du Tout, du Total à la fausse tentative de l'Ego de réduire l'universel, en le subordonnant aux seules possibilités des joies individuelles. D'après Max Scheler, la souffrance serait un effort tendant à sacrifier une partie au tout, une valeur inférieure à une valeur supérieure, bref, la souffrance comporterait un sacrifice [1]. La souffrance peut aussi être la conséquence d'un désaccord qui se produit entre des parties indépendantes fonctionnant dans le tout. Toutes ces explications ne sont pas faites pour satisfaire la personne humaine placée de-

1 Max SCHELER : *Le sens de la souffrance.*

vant son destin personnel ; elles reposent sur la tentative de subordonner complètement, jusqu'à l'effacement complet, l'individuel et le personnel à l'universel et au général. Kierkegaard a proposé une explication profonde, celle notamment d'après laquelle la souffrance de l'homme serait l'effet de sa solitude. On peut diviser les hommes en deux catégories : il y a ceux qui éprouvent intensément, jusqu'à en souffrir eux-mêmes, les souffrances des hommes et du monde, et il y a ceux qui y sont relativement indifférents. Au cours des siècles, la sensibilité de l'homme européen pour les souffrances a considérablement augmenté, du moins chez les hommes les plus raffinés. Ce n'est que très tardivement qu'on a pris conscience de ce qu'il y avait d'inadmissible dans les tortures et les châtiments, dans la cruauté avec laquelle on traitait les criminels. Ce qui n'empêche pas que notre époque soit encore une des plus cruelles, une époque de souffrances comme on n'en a jamais vu de pareilles.

Il faut voir la source et la cause des souffrances dans l'inadaptation de la nature de l'homme au milieu cosmique et objectif dans lequel nous nous trouvons jetés, dans les conflits incessants entre le moi et le non-moi étranger et indifférent, dans la résistance à l'objectif, c'est-à-dire à l'objectivation de l'existence humaine. Pour autant qu'il puisse être question de types et états humains harmoniques et disharmoniques, on peut dire que par sa situation dans le monde l'homme se trouve dans un état disharmonique. La pénible et douloureuse contradiction de l'homme consiste en ce que, dans ses profondeurs cachées et non dévoilées, il est un être infini, aspirant à l'infini, un être ayant soif d'éternité et fait pour l'éternité, mais réduit à mener une existence finie et bornée, temporelle et mortelle. L'homme se trouve immobilisé devant un mur infranchissable, devant un mur qui résiste à tous ses assauts. Vue en profondeur, la souffrance humaine est occasionnée par l'insurmontable, l'inéluctable, l'irréversible, l'irrévocable. C'est justement le dualisme de la vie de l'homme en ce monde qui est la source de souffrances sans nombre. L'expérience de la souffrance est opposée à celle de l'intégrité. C'est la rupture de l'intégrité et des rapports harmonieux avec le monde qui provoque la souffrance. Et tout cela arrive, parce que l'homme se trouve plongé dans un monde d'objets et ne communie que rarement avec le monde des existants. Moi-même je porte en moi des éléments qui me sont étrangers,

que je ne considère pas comme m'appartenant (c'est le *Es* de Freud).
Et ces éléments étrangers à mon moi que je porte en moi sont également une source de souffrances. La lutte pour la réalisation de la
personne est une lutte contre ce qui, en moi, m'est étranger, et dont
je suis l'esclave. Je devrais porter en moi tout le monde divin, et au
lieu de cela, je porte en moi un non-moi, une objectivité morti-
fiante. La source des souffrances humaines est double ; l'homme
vit pour ainsi dire entre deux murs inattaquables : un mur en dehors de lui et un mur en dedans de lui ; entre l'humiliant état d'esclavage par rapport à un monde qui lui est étranger, et d'un état
d'esclavage encore plus humiliant par rapport à lui-même, il souffre
de ce qu'il y a un « non-moi », mais qui semble faire partie du
« moi ». On peut considérer comme certain que la plupart des
souffrances ont pour cause l'absorption de l'homme par son propre
« moi », cette absorption aboutissant, à la limite, à la folie qui
consiste principalement dans l'impuissance à sortir de son moi, à
se dégager de l'absorption par le moi. C'est le pouvoir de sortir du
« moi », de l'absorption par le « moi » qui est la condition de la
réalisation de la personne. Le « moi » n'est pas encore une personne. Le moi, disait Pascal, est haïssable ; on ne saurait en dire
autant de la personne. L'organisme physique et la structure psychique ne sont que partiellement adaptés au milieu environnant,
qui est pour l'homme toujours plein de menaces. Et l'on ne peut
que s'étonner de ce que l'homme puisse subsister dans cet infini
monde phénoménal où il ne trouve que de rares points d'appui et
où peu de choses lui sont proches. Lorsqu'il a l'expérience intime
du cosmos tout entier, comme d'un cosmos qui lui est proche, d'un
cosmos divin, il se sent transporté dans un monde qui ne lui est
plus étranger, dans un autre « monde », dans un monde véritable,
situé au delà de celui-ci. C'est la séparation de l'homme d'avec les
sources originelles de la vie, d'avec les autres hommes, d'avec la vie
cosmique qui est une cause de souffrances. C'est la communion
avec ces sources, avec les autres hommes et avec la vie cosmique
qui est le contraire de la souffrance. Si la mort est la plus grande
des souffrances, c'est probablement parce qu'elle nous fait passer
par une phase, par un moment de séparation, de rupture, de solitude absolues. Le contraire de la souffrance, c'est l'état harmonieux
qu'accompagne le sentiment de proximité, d'intimité, de commu-

nion. Le mystère de la communion est en effet le plus grand des mystères. Il n'est pas seulement un mystère humain, mais aussi un mystère cosmique. La destinée de l'homme, depuis sa naissance jusqu'à sa mort, le lot de souffrances qui lui est échu nous restent incompréhensibles, mais ce que nous avons devant nous n'est qu'un petit fragment de sa vie dans l'éternité, de son passage à travers une pluralité de mondes. En ne considérant qu'un seul jour de la vie d'un homme, en dehors de ceux qui l'ont précédé et de ceux qui le suivront, nous ne comprendrons pas grand'chose à cette vie, à ce qui se passe dans l'homme. Or toute la vie d'un homme, depuis sa naissance jusqu'à sa mort, n'est qu'une brève et fugitive journée du point de vue de l'éternité. Hegel a émis des idées remarquables sur la « conscience malheureuse [1] ». La « conscience malheureuse », c'est la conscience de la rupture, de la séparation, du déchirement. Il faut passer par cette conscience, pour arriver à une conscience plus haute. Mais toute conscience n'est-elle pas malheureuse ? La conscience suppose toujours un dédoublement, une division en sujet et objet et une douloureuse dépendance du sujet par rapport à l'objet. Dostoïevski voyait dans la souffrance la seule cause de la naissance de la conscience. C'est la lutte de Nietzsche contre la souffrance, contre sa terrible maladie et contre sa solitude, c'est sa résistance qui constitue le fait le plus significatif de sa vie, celui qui lui confère un caractère héroïque. La morale antique, surtout la classique éthique d'Aristote, voyait dans l'homme un être qui recherche le bonheur, le bien, l'harmonie et qui est capable d'y parvenir. Telle est également la manière de voir de saint Thomas d'Aquin, de la théologie catholique officielle. Mais en réalité le christianisme a ébranlé cette manière de voir. Nous avons là-dessus les témoignages importants de Kant, de Schopenhauer, de Dostoïevski, de Nietzsche. Ce n'est pas par hasard que l'homme, lorsqu'il veut calmer une douleur, soulager une souffrance, cherche à s'oublier, à renoncer à la conscience, à en émousser l'acuité. Il cherche à atteindre ce but, soit en se plongeant dans le subconscient par l'usage des narcotiques, soit par l'extase que lui procure l'absorption par l'élément animal, soit en s'élevant jusqu'à la superconscience, à des extases spirituelles, à l'union avec le divin. Il y a une limite à la possibilité de supporter la souffrance. Au delà de cette limite, l'homme, dirait-on, perd conscience, et c'est ce qui le

1 Voir Jean WAHL : *Le malheur de la conscience dans la philosophie de Hegel.*

sauve. Ce ne sont pas les hommes les plus mauvais qui souffrent le plus, mais les meilleurs. L'intensité avec laquelle la souffrance est ressentie peut être considérée comme un indice de la profondeur de l'homme. Plus l'intellect est développé et l'âme affinée, et plus l'intensité avec laquelle la souffrance est ressentie est grande, plus l'homme est sensible à la douleur non seulement psychique, mais physique. Si le malheur, la souffrance, le mal ne sont pas les causes directes de l'éveil des forces de l'homme et de sa régénération spirituelle, ils peuvent tout au moins contribuer à l'éveil de ces forces internes et à cette régénération. Sans les douleurs et les souffrances qui règnent dans ce monde, l'homme serait tombé au niveau de l'animal, c'est sa nature animale qui aurait pris le dessus. C'est ce qui nous autorise à penser que la souffrance qui existe dans ce monde n'est pas seulement un mal, ou la conséquence, ou l'expression d'un mal. C'est une erreur de croire, malgré tous les sermons qui ont été prononcés sur ce sujet, que les souffrances de l'homme sont en proportion de ses fautes et de ses péchés. Ce serait reprendre à notre compte les arguments dont se sont servis les consolateurs de Job. Or, Dieu a donné raison à Job, et non à ses consolateurs. Le livre de Job est un grand témoignage de la possibilité de souffrances imméritées, de l'existence de martyrs innocents. Nous en trouvons également des témoignages dans la tragédie grecque. Œdipe n'était pas coupable, il fut la victime de la fatalité. Mais la souffrance la plus imméritée fut celle du Fils de Dieu, de Jésus le Juste. Il y a une souffrance divine, qui résulte du désaccord entre Dieu et l'état du monde et de l'homme. Il y a une souffrance obscure qui entraîne vers la perte, et une souffrance lumineuse, avec le salut au bout. Le christianisme fait de la souffrance le chemin du salut. C'est la souffrance à la fois divine et humaine qui constitue une réponse à l'angoissante question de la théodicée. La vie humaine est dominée par la dialectique existentielle de la souffrance et de la joie, du malheur et du bonheur.

qu'il recommande est celle de l'apathie. Ni le bouddhisme ni le stoïcisme ne se proposent de transformer le monde, de le changer : ils prennent le monde tel qu'il est, avec toutes ses souffrances, et veulent lutter contre les souffrances, en changeant l'attitude de l'homme à l'égard du monde : en adoptant une attitude soit de négation, soit d'indifférence. La morale stoïque est une morale noble, mais l'apathie stoïque est une attitude de décadence, une attitude exclusive de tout élan créateur. On retrouve des éléments stoïques et bouddhiques jusque dans notre morale chrétienne, pourtant différente, et dans notre attitude à l'égard de la souffrance. Le Christ nous enseigne qu'il faut supporter la croix de la vie. Cela signifie-t-il qu'il faille augmenter les souffrances et les rechercher ? Il va sans dire que tel ne saurait être le sens du port de la croix. Le port de la croix qui nous est échue équivaut à la transfiguration. Ce qui veut dire qu'une souffrance transfigurée est plus facile à supporter, moins douloureuse qu'une souffrance obscure, non transfigurée. Dans la vie religieuse, le sadisme et le masochisme jouent un rôle qui est loin d'être négligeable, et c'est ce qui complique l'histoire du christianisme. Le Christ a fait de la souffrance le chemin du salut. La vérité est crucifiée dans le monde. Le seul Juste est mort sur la Croix. Mais on aurait tort d'en conclure qu'il faille rechercher la souffrance, s'infliger des tortures, ou qu'il faille faire souffrir les autres pour assurer leur salut. Or nombreux sont les chrétiens sincèrement croyants qui, en raison même de leur foi et au nom de celle-ci, se sont montrés cruels. C'est cette conception de la souffrance comme moyen de salut qui a donné naissance à l'inquisition, engendré les tortures, la justification de la peine de mort et la cruauté des châtiments. Saint Dominique fut un inquisiteur cruel. Sainte Thérèse traitait les aliénés avec beaucoup de cruauté. Joseph Volotskoï était très cruel et exigeait que les hérétiques fussent torturés et mis à mort. Théophane l'Ermite prêchait une politique toute de cruauté. Les chrétiens recherchaient les souffrances, les douleurs, les maladies, se livraient à l'automutilation et torturaient les autres. Ceci était l'effet d'une perversion du sentiment du péché et de la peur. Chez les inquisiteurs, le sadisme n'était pas toujours exclusif d'une bonté personnelle. Cette terrible et ténébreuse perversion reposait sur la supposition que la souffrance de l'homme est voulue de Dieu, lui est agréable, ce qui équivalait à attribuer des sentiments sadiques à Dieu. Les âmes chrétiennes de jadis ressentaient la souffrance avec moins d'acuité que les âmes des chrétiens de nos jours, tandis que le sentiment du péché était chez eux plus fort que de nos jours, et c'est pourquoi ils étaient moins sensibles aux souffrances. Mais la vie humaine ne dépend pas seulement de la nécessité, elle dépend aussi du hasard qui est inexplicable, de ce qu'on appelle de malheureux concours de circonstances. Le problème qui se pose à l'homme ne consiste pas à expliquer par des péchés les souffrances de sa vie, les absurdes accidents et l'oppressante nécessité, et à voir un châtiment dans tout ce qui lui arrive de malheureux. On se trouve devant un problème plus élevé, devant le problème spirituel qui consiste à porter dignement la croix, à supporter dignement les souffrances, à transformer l'obscure souffrance ayant pour terme la perte de l'homme en une souffrance transfigurée qui est le chemin du salut.

L'homme est un animal rusé, n'ayant pas conscience de sa ruse ; on le comprend mal et il se comprend mal lui-même. L'homme est capable d'aggraver sa souffrance, pour souffrir moins. C'est là un paradoxe psychologique, mais qui se rattache à la dialectique de la souffrance : en souffrant d'une chose, l'homme se console par une autre souffrance. Pour moins souffrir, l'homme est capable d'accomplir un exploit héroïque. Il va à la guerre où il accomplit des miracles de courage, il se fait moine et accomplit des miracles d'ascétisme, et cela très souvent pour s'abstraire d'une souffrance occasionnée par un amour malheureux ou par la perte d'un être proche. Il arrive qu'il irrite l'endroit malade, dans l'espoir de diminuer la douleur en l'augmentant. Au lieu de fuir ce qui lui cause de la douleur, il se laisse attirer par cette cause et concentre sur elle toute son attention. L'homme a un penchant au masochisme comme au sadisme, l'un et l'autre étant des perversions engendrées par la souffrance et se rattachant par des liens mystérieux à la sexualité, à la vulnérabilité de l'homme. L'homme est un être malade, et c'est ce qui explique que les plus grandes découvertes en psychologie soient celles de la psychopathologie. Il se laisse souvent envahir, tantôt par la manie de la persécution, tantôt par la folie des grandeurs. Il existe entre ces deux folies des liens tellement étroits que l'homme possédé par la folie des persécutions devient facilement persécuteur lui-même. La lutte de l'homme contre les souffrances porte presque toujours un caractère pathologique. La folie peut quelquefois être un moyen d'échapper à des conflits insolubles et apporter un soulagement. Ce qu'il y a de plus effrayant dans la vie humaine, c'est l'autonomie et l'isolement des différentes sphères de la vie de l'âme, leur séparation du centre ayant un sens supérieur et la formation de mondes isolés les uns des autres. C'est ainsi que l'autonomie et l'isolement de la vie sexuelle aboutissent au monde monstrueux dont le marquis de Sade nous a laissé la description [1]. Pour de Sade, l'homme est naturellement méchant, cruel et voluptueux. Il pense que la Providence ne fait aucune différence entre le vice et la vertu. Non moins effrayante est la formation d'autres mondes autonomes et isolés, comme celui de la volonté de puissance et de l'ambition, celui du gain et de l'enrichissement, celui de la haine, etc. L'homme possédé par une passion, enfermé dans un monde autonome qu'il a créé lui-même, souffre et fait souffrir les autres. La passion isolée, non spiritualisée, fait naître des désirs infinis. Elle est l'effet d'une rupture avec le centre spirituel de l'homme et d'une rupture entre ce centre et les sources originelles de la vie, c'est-à-dire, en dernière analyse, elle résulte d'une rupture entre le divin et l'humain. La crainte de la mort est celle de la plus grande souffrance. La mort, c'est la rupture entre l'âme et le corps, la rupture avec le monde et les hommes, la rupture avec Dieu. La plus grande souffrance est celle de la séparation et de la rupture. Et ce qui cause une souffrance encore plus grande, ce sont les remords, la conscience aiguë de fautes, le sentiment de l'irrévocable et de l'irréversible. C'est, pour ainsi dire, le sentiment anticipé des tourments et des tortures de l'enfer. L'homme cherche à reconstituer et à conserver dans sa mémoire les expériences vécues dont quelques-unes lui ont laissé un doux souvenir, mais ce qu'il cherche surtout, c'est l'oubli, l'oubli des expériences mauvaises et humiliantes. S'il pouvait constamment garder le souvenir de tout son passé, l'homme ne le supporterait pas. Pas plus qu'il ne supporterait la connaissance de l'avenir, des futures souffrances et de l'heure de la mort. L'homme et le monde sont destinés à subir, sans jamais pouvoir y échapper, la crucifixion et la mort. Et il faut accepter l'une et l'autre avec un sentiment d'illumination. La mort existe, non seulement parce que l'homme est, dans ce monde, un être mortel, mais aussi parce qu'il est un être immortel, dont la plénitude, l'éternité et l'immortalité sont incompatibles avec les conditions de ce monde. L'idée d'après laquelle la souffrance serait une punition pour les péchés est une idée exotérique. Les déformations démoniaques du christianisme se rattachaient à la conviction d'après laquelle la souffrance serait une conséquence méritée

---

1 Marquis DE SADE : *Les infortunes de la vertu*. On ne saurait refuser à l'auteur un certain talent.

du péché, un châtiment divin. D'où l'on crut pouvoir conclure qu'il était permis d'infliger le plus de souffrances possible. En France et en Angleterre, les condamnés se voyaient refuser, au moyen âge, la confession, parce qu'on voulait ajouter aux souffrances et douleurs de l'agonie la certitude de l'éternel enfer. A cette déformation sadique du christianisme, à cette insensibilité et à cette absence de pitié s'oppose l'extraordinaire solennité du service funèbre et des funérailles chrétiennes.

Il y a deux sortes de souffrances. Il y a celles qui peuvent être éliminées et vaincues, grâce à un changement du régime social et au développement du savoir scientifique. Il est nécessaire de lutter contre les causes sociales des souffrances et contre les souffrances qui ont pour cause l'ignorance. La suppression de l'esclavage social, dont fait partie l'esclavage tel qu'il existe dans le régime capitaliste, la garantie du droit au travail et d'une existence digne, la diffusion des lumières, des connaissances techniques et médicales, la victoire sur les forces élémentaires de la nature : tout cela est fait pour diminuer les souffrances. Mais le bonheur et la vérité échappent à toute organisation. Le bonheur ne nous est donné que comme un instant de grâce, la vérité ne peut être obtenue que par ceux qui la cherchent et aspirent à l'Infini, elle n'est donnée que par le chemin et par la vie et elle est toujours discutable. On peut organiser l'inférieur, jamais le supérieur. Les instants de bonheur ont quelque chose de mystérieux, les souvenirs qu'on en garde sont comme des souvenirs du paradis, le pressentiment du paradis, son avant-goût. Mais il y a des souffrances qui sont liées à la base tragique de la vie et ont une source profonde ; des souffrances qui n'ont pas pour cause un mauvais régime social et qui ne peuvent être supprimées par l'amélioration de ce régime. Il y a des souffrances qui composent notre sort tragique dans le monde, qui sont une fatalité et qui, comme telles, ne peuvent être surmontées qu'en surmontant ce monde. Certains marxistes-communistes prêchent un nouvel humanisme, en prétendant pouvoir vaincre définitivement le *fatum*, sans recourir aux mythes, car, disent-ils, c'est à l'aide de mythes que le christianisme veut vaincre la fatalité. Ils veulent se rendre maîtres des sources des souffrances et organiser le bonheur humain universel. On aurait tort de voir dans le marxisme une simple utopie sociale. Beaucoup de ce à quoi aspire le marxisme est socialement réalisable et doit être réalisé. Mais le marxisme est une utopie au point de vue spirituel, puisqu'il témoigne de l'incompréhension des conditions spirituelles de l'existence humaine. Il est impossible de résoudre socialement le conflit tragique fondamental qui résulte du fait que l'homme, être spirituel et aspirant à l'éternité et à l'Infini, se trouve comme emprisonné dans les conditions de ce monde aux limites étroites. Il n'est pas de régime qui puisse mettre fin une fois pour toutes aux souffrances ayant pour cause l'amour, les conflits entre l'amour et les convictions politiques ou religieuses, le côté énigmatique et mystérieux de la vie, l'incompréhension de sa propre destinée, la mauvaise volonté de puissance et de violence, les déceptions que l'homme éprouve, lorsqu'il constate qu'il ne joue pas dans la vie le rôle qu'il voudrait jouer, ou qu'il occupe dans la société une situation humiliée, la crainte de la vie et de la mort, les absurdes accidents auxquels les hommes sont exposés, les déceptions causées par les hommes, les trahisons des amis, un tempérament mélancolique, etc. C'est lorsque la question sociale sera résolue et que tous les hommes seront placés dans des conditions compatibles avec une existence digne, lorsqu'on ne souffrira plus de situations pleines d'incertitude, que toutes les souffrances ayant pour causes la faim, le froid, l'ignorance, les maladies, les injustices auront disparu, c'est alors seulement, disons-nous, que les hommes éprouveront un sentiment plus intense et prendront conscience plus nettement de l'insurmontable côté tragique de la vie, et une profonde tristesse s'emparera non seulement de quelques élus, mais du grand nombre. La lutte sociale contre les souffrances est une lutte contre les souffrances d'êtres concrets. Les lois édictées par la société peuvent être une garantie contre les manifestations sociales de la cruauté, mais aucune loi ne pourra supprimer la cruauté que recèle le cœur humain et qui trouvera toujours le moyen de se manifester sous des formes non sociales. De même, un régime social garantissant la liberté de l'homme et du citoyen ne suffira jamais à mettre l'homme à l'abri de toute possibilité d'esclavage. On aurait certes tort de conclure de ce que nous disons à l'inutilité de réformes sociales en vue de la diminution des souffrances humaines et de l'esclavage humain. Ces réformes sont nécessaires et elles doivent même être aussi radicales que possible. Il faut tout mettre en œuvre pour soustraire les tâches spirituelles à des influences sociales susceptibles de les déformer et de les vicier. La théorie optimiste du progrès, en vigueur au XIXᵉ siècle, était pénétrée de la croyance à la possibilité de la suppression des souffrances et à l'accroissement irréversible du bonheur. Les événements catastrophiques du monde ont infligé à cette croyance un démenti qui l'a fortement ébranlée. La vieille idée du progrès est devenue inacceptable. Mais elle contient aussi une vérité chrétienne, elle est animée, sans s'en rendre compte, de l'aspiration au Royaume de Dieu. Il faut absolument admettre l'existence d'un principe irrationnel dans la vie du monde, d'un principe qui échappe à toute rationalisation par une théorie de progrès quelconque. Il n'est pas de progrès, pas de transformation sociale qui soit capable de vaincre la mort, cette principale source de souffrances, et de supprimer l'angoisse devant l'avenir. C'est ce qu'a fort bien compris et exprimé N. Fedorov [1].

à se torturer soi-même et à torturer les autres. Les hommes éprouvent le besoin de tuer et de torturer au nom d'une idée ou d'une foi. La conscience chrétienne moderne doit délivrer l'homme de ces cauchemars. Mais ce ne sont pas seulement les tortures extérieures, physiques qui sont odieuses : les tortures internes, psychiques ne le sont pas moins. Il faut commencer par épurer la conscience et la connaissance de Dieu des instincts sadiques, et de tout ce qui se rapporte à des idées de vengeance. Ce sont les hommes en possession d'un pouvoir, quel qu'il soit : religieux, politique, national, économique, familial, qui font preuve de la plus grande cruauté, en donnant à celle-ci une fausse justification idéologique. Le pouvoir engendre la folie qui pousse ses détenteurs aux cruautés les plus insensées, comme ce fut le cas de certains empereurs romains. Il y a des régimes qui ne sont que la cristallisation de la cruauté sadique.

La manière dont les hommes supportent la souffrance varie, selon qu'on accepte de souffrir au nom de sa foi ou d'une idée, ce qui rend les tortures presque tolérables, ou que la souffrance résulte d'un malheureux concours de circonstances ou de l'injustifiable cruauté des gens au milieu desquels on vit ou du régime qu'on subit. Il y a une différence entre la souffrance dans laquelle l'homme se sent coupable, humilié, mauvais, et la souffrance dans laquelle on sup-

1 N. FÉDOROV : *Philosophie de l'œuvre commune* (en russe).

porte héroïquement les persécutions et les tortures. De même que les joies et le bonheur, les souffrances échappent à la mesure et à la comparaison. Les femmes souffrent autrement que les hommes qui se livrent à une activité créatrice, ceux-ci souffrent autrement que les hommes du peuple, etc. L'homme moderne, compliqué, affiné et physiquement affaibli comprend difficilement qu'on puisse supporter des souffrances comme celles d'Avvakoum et de Stenka Razine. Les hommes civilisés de l'antiquité étaient, malgré le niveau élevé de leur culture, avides de sang, et ils trouvaient une satisfaction de ce besoin dans les combats de gladiateurs, de taureaux, etc. Méphisto dit : « *Blut ist ein ganz besonder Saft.* » (Le sang est un suc tout à fait particulier.) On a toujours attribué au sang des propriétés mystérieuses, et c'est dans le sang que les anciens situaient l'âme. Et c'est également au sang qu'on rattache la cessation de la vie. Ce fut un grand progrès moral que l'abandon de la conviction des primitifs d'après laquelle les malheureux seraient abandonnés des dieux et devraient être délaissés. La souffrance peut être vaincue par l'amour, mais l'amour lui-même peut être une source de nouvelles souffrances. Je parle non de l'amour érotique, mais de l'amour caritatif, de l'amour-pitié, de l'amour-compassion. L'homme peut difficilement supporter les souffrances seul et sans les exprimer. La solitude est une des sources de la souffrance. On peut même, jusqu'à un certain point, affirmer qu'un créateur est toujours seul et est, de ce fait, condamné à souffrir sans cesse. Le besoin de communiquer aux autres sa souffrance trouve son expression dans les plaintes, dans les larmes, dans des cris. On dirait que l'homme implore ainsi qu'on lui vienne en aide. Mais il y a des gens solitaires qui supportent avec fierté leurs souffrances, sans se livrer à aucune manifestation extérieure. Aussi faut-il toujours penser que d'autres peuvent souffrir et être malheureux, sans que nous nous en apercevions. Il faudrait traiter chaque homme comme un mourant. Rien n'est plus douloureux et plus affligeant que les sentiments que fait naître en nous la comparaison entre la force, l'épanouissement et les joies d'une vie débordante et le spectacle d'une vie en voie d'affaiblissement, d'une vie déclinante, d'une vie proche de la mort. Mais tel est le sort de toute vie, de toute vie ayant atteint un développement individuel. La souffrance et la mort sont liées à l'amour qui doit vaincre la souffrance et la mort.

Le bonheur ne constitue pas le but conscient de la vie humaine et, ainsi que nous l'avons déjà dit, le bonheur ne se laisse pas organiser. On peut se représenter la félicité comme résultant d'une réalisation de la plénitude de la perfection ; mais, en dehors de quelques brefs instants, cette réalisation est impossible sur la terre. On peut et on doit cependant chercher à diminuer la somme des souffrances. La pitié est un commandement absolu. Personne ne doit augmenter la somme de ses propres souffrances, se martyriser volontairement, mais on doit supporter les souffrances comme une pénétration de lumière, comme ayant un sens dans l'ensemble de notre destin. Le douloureux problème de la souffrance ne peut être résolu dans les limites de ce monde phénoménal. La contradiction qui existe entre la nature de l'homme et les conditions de son existence finie dans le monde naturel est insoluble et suppose une fin transcendante. Le Bien peut-il préserver des souffrances ? Or, le salut par le Bien étant impossible, on ne peut l'attendre que d'une rédemption et d'un Rédempteur, il ne peut être que l'œuvre d'un amour divin, et non humain. L'homme est impuissant devant le Mal et devant la Souffrance ; mais Dieu, en tant que Force Créatrice, est également impuissant. Seul le Dieu devenu Homme, ayant assumé toutes les souffrances des hommes et de toutes les créatures, est à même de supprimer les sources du Mal et de vaincre la Souffrance. Il n'est pas de système théologique, il n'est pas d'autorité qui soit capable de mettre fin aux souffrances et aux douleurs humaines. Seul peut y mettre fin ce qui constitue la première et la plus haute réalité religieuse, à savoir l'union du divin et de l'humain, l'amour à la fois divin et humain. L'homme qui rompt définitivement ce lien entre l'humain et le divin se trouve devant l'abîme du non-être, et ses souffrances deviennent intolérables. Chaque amour apporte de nouvelles souffrances ; mais, en même temps, l'amour, l'amour à la fois divin et humain, vainc les souffrances. L'amour-Eros est cause de souffrances infinies, parce qu'il est insatiable. L'amour-agapé, l'amour descendant, et non ascendant, ne comporte pas de désirs infinis. Aussi ces deux amours doivent-ils être réunis, pour qu'il y ait plénitude. La souffrance peut être également vaincue par l'activité créatrice de l'homme, mais cette activité, à son tour, comporte des souffrances. Le sens de la souffrance se confond avec sa cause. Si l'opposition entre la nature supérieure de l'homme et les conditions de son existence dans ce monde ne provoquait pas de souffrances, l'homme lui-même descendrait à une condition des plus misérables. Et, malgré tout, la souffrance reste pour lui un mystère. Et ce mystère est celui de la rédemption. Ce mot *rédemption* évoque par association la notion anthropologique et sociologique d'expiation, de rachat. Il est humiliant aussi bien pour l'homme que pour Dieu d'entendre la rédemption au sens d'un rachat, d'un sacrifice offert à Dieu pour apaiser sa colère. Ceci suppose que les souffrances des hommes plaisent à Dieu et lui sont agréables. Mais il y a une manière plus digne et plus profonde de comprendre la souffrance : elle consiste à voir dans celle-ci une épreuve imposée aux forces spirituelles de l'homme sur le chemin de la liberté. Ce que Dieu veut, ce ne sont pas les souffrances humaines, mais la transfiguration des forces humaines par l'épreuve, par les conséquences inéluctables d'une liberté orientée d'une certaine façon, d'une liberté encore prémondaine. L'accent doit toujours être mis sur la transfiguration, sur la régénération.

Chapitre VI
LE MAL

La souffrance et le mal sont liés l'un à l'autre, sans qu'il y ait identité entre eux. La souffrance peut n'être pas un mal, elle peut même être un bien. L'existence du mal constitue le plus grand mystère de la vie du monde et oppose les plus grandes difficultés à la théologie officielle et à toute philosophie moniste. La solution rationaliste du problème du mal est aussi difficile que la solution rationaliste du problème de la liberté. Il est permis d'affirmer, et avec beaucoup de raison, que le mal n'est pas par lui-même une entité positive, mais qu'il ne séduit que par ce qu'il dérobe au bien [1]. Il n'en reste pas moins que le mal n'existe pas seulement dans le monde, mais y prédomine. Ce qu'on appelle non-être peut souvent avoir une signification existentielle. Le Néant a une grande importance existentielle, bien qu'on ne puisse pas dire qu'il existe [2]. Une des

---

1 Saint Grégoire de Nysse, Saint Augustin et d'autres docteurs de l'Église le considéraient comme un non-être.
2 Dans *l'Evolution Créatrice*, Bergson nie l'existence du non-être, du Néant, mais ses

tentatives de résoudre le problème du mal et de l'accorder avec la possibilité d'une théodicée consiste à déclarer que le mal n'existe que dans les parties, tandis que le tout ne contient que le bien. Telle fut la manière de voir de saint Augustin, de Leibniz et, d'ailleurs, de la plupart des théodicées, parce qu'elles admettent que Dieu se sert du mal en vue du bien. Mais une doctrine pareille est fondée sur la négation de la valeur absolue de la personne et elle s'accorde plutôt avec la morale antique qu'avec la chrétienne. Elle met le point de vue esthétique au-dessus du point de vue moral. Ce qui est vrai et réel, c'est que la bonne finalité divine est absente de ce monde empirique, qu'elle ne saurait d'ailleurs pas exister dans un monde reconnu comme un monde déchu. On pourrait dire que la finalité est impliquée dans des groupes de phénomènes considérés chacun à part, mais qu'elle ne forme pas un lien assurant l'unité de l'ensemble du monde phénoménal, qu'elle ne réunit pas tous les phénomènes du monde en vue du bien. La doctrine traditionnelle de la Providence est obligée de nier le mal et l'injustice, et elle se tire de difficulté en posant à la place de l'existence du mal celle du péché. Il existe dans notre monde un conflit insoluble entre l'individu et l'espèce. La vie individuelle, humaine et animale, est d'une fragilité extraordinaire et constamment menacée, mais non moins extraordinaire est la force génératrice de la vie spécifique, de l'espèce qui ne cesse de produire des vies nouvelles. La doctrine qui ne voit le mal que dans les parties et nie son existence dans le tout ne se préoccupe que de l'espèce et néglige complètement l'individu. Le génie de l'espèce est plein de ruse et suggère toujours à l'homme malheureux des arguments justificatifs qui le maintiennent dans l'esclavage. C'est pourquoi la vie historique et sociale est fondée sur tant de mensonges. Le mensonge peut devenir une autosuggestion, lorsque l'homme devient le jouet des forces sociales qui lui assignent un certain rang dans la vie. Le mensonge peut encore être un moyen de défense de la vie contre les assauts qu'elle subit. La question de la vérité et du mensonge est une question morale d'une importance capitale.

Pour se soustraire à la douloureuse question du mal, l'homme voudrait se réfugier dans la sphère de la neutralité, dans l'espoir de dissimuler ainsi sa trahison envers Dieu. Mais la neutralité n'a pas arguments ne sont pas convaincants. Heidegger et Sartre attribuent au néant une importance assez grande.

de profondeur, elle est toute de surface. On pourrait même dire que le diable est neutre, car c'est une erreur de croire que le diable est l'opposé de Dieu. Le pôle opposé à Dieu, c'est Dieu lui-même, son autre hypostase : les extrêmes se touchent. Le diable, qui est le prince de ce monde, se réfugie dans la neutralité. La croyance aux démons et au diable a joué un grand rôle dans la vie religieuse en général, et dans le christianisme en particulier. Ce fut là une des solutions du problème du mal. Déclarer que le diable est la source du mal équivaut à l'objectivation du drame intérieur de l'âme humaine. Le diable est une réalité existentielle, nullement objective, nullement égale aux réalités du monde naturel ; il est une réalité de l'expérience interne, du chemin suivi par l'homme. Dans la vie sociale, on a beaucoup abusé du diable, on s'en servait comme d'un épouvantail pour effrayer les gens, en étendant sans cesse son règne, en y annexant sans cesse de nouveaux domaines. On a créé ainsi une véritable terreur religieuse. Seule une religion spirituellement épurée est à même de délivrer l'homme des démons qui le tourmentent. La démonologie et la démonolâtrie n'ont été que les chemins que l'homme a été obligé de suivre pour atteindre le royaume de l'Esprit, de la liberté et de l'amour, le Royaume de Dieu. La lutte contre le mal devient facilement elle-même un mal, par contagion, pour ainsi dire. Nous connaissons la sombre dialectique morale du dualisme manichéen. Les plus grands ennemis du mal succombent eux-mêmes au mal et deviennent malfaisants. Tel est le paradoxe de la lutte contre le mal et les malfaisants : pour vaincre le mal, les bons eux-mêmes deviennent méchants, et ne croient pas à d'autres moyens de lutte contre le mal que le mal même. On traite alors le bien avec dédain et on le trouve sans intérêt et fade, alors que la méchanceté en impose et paraît plus intéressante et plus attrayante. Les hommes engagés dans la lutte croient que la méchanceté est une qualité plus intelligente que la bonté. Le problème consiste dans l'impossibilité où l'on se trouve de réaliser les fins du bien, les bonnes fins. Cela conduit trop facilement au mal, aux moyens méchants. Il faut être dans le Bien, il faut l'exorciser. Seul l'Évangile surmonte cette dégénérescence de la lutte contre le mal en un mal nouveau, seul il voit dans la condamnation des pécheurs un nouveau péché. Il faut traiter le diable humainement, avec bonté. L'attitude à l'égard du diable et du mal est soumise à une certaine dialectique. Vous commencez par lutter contre l'ennemi et contre le mal au nom du Bien. Mais vous finissez par vous laisser envahir vous-même par le mal. Le problème moral qui, de nos jours, domine tous les autres est celui de l'attitude envers l'ennemi. On cesse de considérer l'ennemi comme un homme et on estime impossible une attitude humaine à son égard. C'est la plus grande injure qu'on inflige ainsi à la vérité évangélique, c'est la plus grande apostasie dont on se rend coupable envers elle. Je ne crois pas qu'il existe des natures désespérément démoniaques, c'est-à-dire des natures sur lesquelles pèserait le *fatum* de l'obsession démoniaque, de même que je ne crois pas à l'existence de peuples démoniaques. Il n'y a pas, pour les hommes et les peuples, des états démoniaques, et c'est pourquoi on ne peut pas formuler à leur sujet un jugement définitif. De même qu'il y a une dialectique de l'attitude à l'égard de l'ennemi, dialectique qui fait que celui qui lutte contre un ennemi méchant devient méchant à son tour, il y a une dialectique de l'humilité, grâce à laquelle celle-ci se transforme en passivité devant le mal, en adaptation au mal. Il y a également une dialectique du châtiment infligé pour des crimes, dialectique qui fait que le châtiment lui-même se transforme en crime. Les hommes éprouvent le besoin irrésistible d'avoir un bouc émissaire, un ennemi dont on puisse faire la cause de tous les malheurs et qu'on puisse, qu'on doive même haïr : juifs, bourgeois, jésuites, jacobins, maçons, hérétiques, bolcheviques, sociétés secrètes internationales, etc. La révolution a toujours besoin d'un ennemi, car c'est la haine de l'ennemi qui l'alimente, et lorsque l'ennemi n'existe pas, elle l'invente. La contre-révolution ne se comporte d'ailleurs pas autrement. Le bouc émissaire une fois trouvé, l'homme éprouve un soulagement. Ceci n'est pas autre chose que l'objectivation du mal, sa projection à l'extérieur. L'État a raison de lutter contre les crimes et contre les manifestations trop violentes du mal, mais cela ne l'empêche pas de se rendre lui-même coupable de crimes et de se livrer au mal. L'État commet des crimes et inflige le mal comme « le plus froid des monstres » (expression de Nietzsche), d'une façon impassible et abstraite. En tant que soutien du droit, l'État est le gardien du bien, mais il crée en même temps un mal qui lui est propre. La mauvaise joie que procure la vue de cruautés infligées, la satisfaction collective que procure le droit de punir et d'assister aux punitions se trouvent objectivées. Les rapports entre le bien et le mal, loin d'être simples, sont soumis à une dialectique existentielle complexe. Le bien peut dégénérer en mal, comme le mal peut se transformer en bien. Déjà la distinction entre le bien et le mal a été un douloureux dédoublement et portait le cachet du passage par la chute [1]. C'est une conception servile que celle qui voit dans le péché un crime portant atteinte à la volonté de Dieu et dont Dieu ferait l'objet d'un procès judiciaire. C'est par un mouvement en dedans, en profondeur, qu'on peut surmonter cette servile conception. Le péché est le produit d'un dédoublement, d'une diminution, d'une incomplétude, d'un asservissement, le produit de la haine, mais non d'une désobéissance à la volonté de Dieu, d'une violation formelle de cette volonté. Edifier une ontologie du mal est chose impossible et inadmissible, et c'est pourquoi l'idée d'un enfer éternel est une idée absurde et méchante. Le mal n'est que chemin, épreuve, rupture. La chute originelle est avant tout une épreuve de liberté. L'homme avance vers la lumière à travers les ténèbres. C'est ce que Dostoïevski a ressenti plus profondément que quiconque.

L'explication la plus courante du mal est celle d'après laquelle il serait un effet de la liberté. Mais la liberté est un mystère qui se soustrait à toute rationalisation. La théorie traditionnelle du libre arbitre est une théorie statique et n'est pas faite pour dévoiler le mystère de l'apparition du mal. On ne comprend pas comment la nature, toute de bonté, de l'homme et celle du diable lui-même, comment la vie édénique que, dans les rayons de la divine lumière, la créature avait menée grâce à la liberté, considérée comme le plus grand don de Dieu et comme le signe de la ressemblance divine de l'homme, on ne comprend pas, dis-je, comment de tout cela ont pu naître le mal et cette vie de l'homme et du monde à base de mal qui rappelle l'enfer. Il faut admettre l'existence d'une liberté incréée, ayant précédé l'être et qui était plongée dans une sphère irrationnelle, dans ce que Bœhme appelle, en lui donnant toutefois un sens quelque peu différent, *Ungrund*. La reconnaissance d'une pareille liberté, antérieure à l'être, à la créature, au monde, pose à l'homme le problème de la continuation de la création du monde et fait du mal lui-même un chemin, une dure expérience, et non un principe ontologique, marqué du sceau de l'éternité (enfer). La

---

1 Voir mon livre : *De la destination de l'homme.*

liberté doit être comprise comme un principe dynamique, engagé dans un processus dialectique. La liberté présente des contradictions, des états variés et est soumise à certaines lois. Le mal pose le problème eschatologique et ne peut être aboli, surmonté qu'eschatologiquement. La lutte contre le mal est une nécessité, et il doit être définitivement vaincu. Et, en même temps, l'expérience du mal a été un chemin non seulement descendant, mais aussi ascendant, et cela non pas directement et par lui-même, mais grâce à la force spirituelle éveillée par la résistance qu'il a provoquée et grâce à la connaissance dont il a été l'occasion et la source. Le mal est dépourvu de sens, tout en ayant un sens supérieur, de même que la liberté qui, tout en étant en opposition avec la nécessité et l'esclavage, peut dégénérer en nécessité et esclavage, se transformer en son contraire. L'homme doit passer par l'épreuve de toutes les possibilités, acquérir par l'expérience la connaissance du bien et du mal, et dialectiquement le mal lui-même peut devenir un moment du bien. Le mal doit être surmonté d'une façon immanente, subir ce que Hegel appelle *Aufhebung*, qui consiste en ce qu'à la suite de la négation de la négation le positif entre dans la phase suivante. C'est ainsi encore que l'athéisme lui-même peut dialectiquement devenir un des moments de la connaissance de Dieu. Tel est déjà le sort de l'homme qu'il doit passer par des phases telles que l'athéisme, le communisme, etc., avant d'accéder à la lumière, enrichi de l'expérience immanente qu'il a acquise grâce à des victoires successives. Les « méchants » doivent être non supprimés, mais éclairés, transfigurés. Le mal ne peut être détruit que par l'intérieur, et non pas par des mesures de défense et de destruction extérieures. Ce qui n'empêche pas d'opposer des limites extérieures aux manifestations du mal, destructrices de la vie. Il faut livrer au mal une lutte à la fois spirituelle et sociale. Dans les conditions de notre monde, la lutte sociale ne peut être menée sans le recours à la force. Mais la lutte spirituelle ne doit viser qu'à la transfiguration, à la régénération intérieure. L'expérience qu'on acquiert du mal en s'y abandonnant n'est pas par elle-même une source d'enrichissement : seule peut enrichir la force spirituelle, positive et lumineuse qui se manifeste et s'affirme dans la lutte contre le mal. La lumière suppose les ténèbres, le bien suppose le mal, le pouvoir de création suppose non seulement « cela », mais aussi l' « autre ». C'est ce que

Hegel et Bœhme ont fort bien compris, mieux que tant d'autres. Le mal règne dans ce monde. Mais ce n'est pas lui qui aura le dernier mot. Le mal peut être un moment dialectique du développement de la créature, mais cela seulement parce qu'il est un moyen qui rend possible la manifestation de son contraire, c'est-à-dire du bien. Quant à l'idée de l'enfer et de ses tortures, elle ne pouvait servir qu'à éterniser le mal, elle était une expression de l'impuissance devant le mal. Le mal suppose la liberté, et il n'y a pas de liberté sans la liberté du mal, car en l'absence de cette liberté le bien ne peut s'imposer que par la contrainte. Mais le mal est dirigé contre la liberté qu'il cherche à tuer, pour faire régner l'esclavage. D'après Kierkegaard, c'est par le péché que l'homme devient un « moi ». Seul connaît le ciel celui qui est descendu dans l'enfer. Et celui qui est le plus loin de Dieu est peut-être celui qui en est le plus proche. D'après Kierkegaard, c'est la procréation d'enfants qui serait le péché originel. Et Baader dit que la vie naît au milieu de douleurs et n'apparaît au jour qu'après la descente aux enfers. Le monde des ténèbres et le monde de la lumière sont séparés par une limite où brille un éclat. Le mal commence par nous traiter comme si nous étions ses maîtres, puis comme ses collaborateurs, pour finalement s'affirmer comme étant lui-même notre maître. Ce sont là des idées dynamiques qui supposent la contradiction et donnent naissance au processus découlant de cette contradiction.

mal dans le monde de l'au-delà. La connaissance concrète de la vie, la connaissance de ses dessous est une connaissance très amère. Les révolutions politiques et religieuses ne sont que des tentatives symboliques de réaliser une vie meilleure, car en réalité elles ne donnent naissance ni à une vie meilleure ni à des hommes nouveaux. Elles n'empêchent pas les penchants les plus bas de la vie humaine de se manifester par des représailles et des persécutions qu'on justifie par des raisons religieuses, nationales, politiques, idéologiques ou par des intérêts de classe. L'enthousiasme collectif aboutit facilement à l'institution d'une Gestapo ou d'une Tchéka. La vie de l'homme au sein de la civilisation a une tendance irrésistible à la décomposition, à la dégénérescence, à la décadence, au vide. On éprouve alors le besoin du salut, qu'on cherche à satisfaire par un retour à la nature, par la vie à la campagne, par le travail, par l'ascèse, par le monachisme. Il est étonnant de constater que lorsque les hommes se repentent, ce n'est pas précisément de ce qui exige un repentir. Torquemada ne se repentait pas de son péché d'inquisiteur, qui était réel, et croyait fermement être au service de Dieu. Les chrétiens recherchent aussi bien la transformation et la transfiguration de leur nature que le pardon de leurs péchés. Les idéologies et croyances religieuses deviennent l'objet de nouvelles haines et de nouvelles hostilités. La religion de l'amour et la religion du pardon servent, elles aussi, à masquer la lutte pour le pouvoir. Les États et les sociétés sont toujours agressifs, et la personne humaine est toujours obligée de se défendre. L'amour de la femme peut exercer une action rédemptrice, salvatrice, comme dans *le Vaisseau fantôme*, comme dans le cas de Sollweg dans *Peer Gynt* ou de Jouhandot dans *Véronique*. La femme apparaît ici presque toujours comme l'image de la Sainte Vierge. Mais il arrive plus souvent à l'amour de la femme d'être une cause de perdition. Les sacrifices propitiatoires sanglants devaient avoir une signification d'expiation, sans être une manifestation de la cruauté humaine et de la soif de sang. De nos jours encore, il y a des sacrifices humains sanglants, faits au nom d'idées et de croyances considérées comme sublimes. Toute cette amère connaissance de la vie n'est pas la connaissance dernière, la connaissance des choses dernières. Derrière les ténèbres dans lesquelles sont plongés l'homme et le monde, une lumière brille, et cette lumière est par moments tellement forte qu'on en est ébloui. L'homme doit regarder le mal en face, sans se faire aucune illusion, mais il ne doit jamais se laisser écraser par le mal. La vérité se trouve au delà du pessimisme et de l'optimisme. L'absurdité du monde ne signifie pas que le monde soit dépourvu de sens, puisque la dénoncer, c'est déjà reconnaître implicitement que le sens existe. Le mal du monde suppose l'existence de Dieu, car en l'absence du mal l'existence de Dieu ne saurait être reconnue.

La noblesse, la dignité, ce que j'appelle le vrai aristocratisme, exigent que l'homme reconnaisse ses fautes. Dans sa profondeur, la conscience qui souvent n'est pas assez éveillée ou qui est opprimée, est toujours conscience de la faute. Il faut charger sa conscience de plus de fautes possible et en attribuer aux autres le moins possible. Est aristocrate non pas celui qui déclare avec orgueil qu'il est premier, qu'il est un privilégié, et qui veut conserver sa situation.

Mais est aristocrate celui qui voit une culpabilité et un péché dans le fait même qu'il occupe une situation première et privilégiée. Il n'est que trop facile d'accuser de ressentiment les opprimés, ceux qui occupent dans la société les dernières places, comme le faisait trop injustement Max Scheler, en se plaçant au point de vue d'un christianisme nietzschéanisé [1]. Le ressentiment, qui comporte une grande dose de jalousie, est certainement un sentiment qui manque de noblesse, mais peut souvent être justifié. Ce ne sont pas ceux qui sont la cause du ressentiment des opprimés qui sont qualifiés pour le dénoncer. Ce n'est pas la conscience de la culpabilité, laquelle peut ne pas dépasser les limites de la sphère psychologique et morale, qui est la plus profonde, mais la conscience métaphysique de la situation de l'homme dans le monde, situation caractérisée par l'opposition entre les aspirations infinies de l'homme et les conditions de son existence finie, emprisonnée dans d'étroites limites. C'est en cela que consiste l'état de déchéance de l'homme, c'est cela qui est la source dans laquelle il puise les matériaux avec lesquels il construit des mondes faux et illusoires, en donnant libre cours à ses passions non transfigurées. L'homme s'habitue difficilement à l'idée qu'il est dans ce monde une créature mortelle et que tout ce qui lui arrive est également mortel. C'est pourquoi le problème du mal est avant tout le problème de la mort. Le triomphe sur le mal est la victoire sur la mort. Le mal est la mort, la victoire sur le mal est la résurrection de la vie, la naissance à une vie nouvelle. Le meurtre, la vengeance, la haine, la trahison, la débauche, l'esclavage : tout cela est la mort. La victoire de l'Homme-Dieu sur le dernier ennemi qu'est la mort est une victoire sur le mal. C'est la victoire de l'Amour, de la liberté, de la puissance créatrice sur la haine, l'esclavage et l'inertie, la victoire de la personne sur l'impersonnel. La mort, ce dernier ennemi, a également un sens positif. Le sentiment tragique de la mort est lié au sentiment aigu de la personne, de la destinée personnelle. Pour la vie de l'espèce, la mort n'a rien de tragique, car cette vie se renouvelle sans cesse, se poursuit sans arrêt et trouve toujours des compensations. La mort frappe surtout les organismes les plus parfaits et les plus individualisés. Avec le sentiment aigu de la personne va de pair le sentiment aigu du mal. Le sens positif de la mort consiste en ce qu'étant un événement inévitable de la vie individuelle elle montre l'impossi-

1 Max SCHELER : *L'homme du ressentiment.*

bilité pour l'homme de résoudre les tâches infinies de la vie et d'atteindre à la plénitude dans les limites de cette vie et de ce monde [1]. La mort est le mal-limite, un des chemins qui mènent à l'éternité. Une vie infinie serait, dans les conditions de notre existence limitée et bornée, un véritable cauchemar. Le passage par la mort est une nécessité du point de vue de notre destinée et de notre éternité personnelles, tout comme la fin du monde est une nécessité pour l'accomplissement de son destin éternel. Les contradictions et les problèmes que font surgir la vie de l'homme et celle du monde sont insolubles dans cet éon, ce qui rend nécessaire le passage dans un autre éon. C'est ce qui explique la possibilité non seulement de la terreur devant la mort, mais aussi de l'attraction exercée par la mort. La pensée de la mort est toujours une consolation pour l'homme, lorsque les contradictions de la vie deviennent trop insolubles, lorsque le nuage formé par le mal devient trop épais autour de lui. Freud voyait dans l'instinct de la mort non seulement un instinct d'un ordre plus élevé que l'instinct sexuel, mais le seul instinct élevé de l'homme [2]. Heidegger se vit également obligé de reconnaître que la mort occupe un niveau plus élevé que le *Dasein*, plongé dans la quotidienneté et dans le *Man* [3]. Le dernier mot de sa philosophie se rapporte à la mort. C'est un fait intéressant à noter que l'esprit germanique se sent attiré par la mort, par la victoire et la mort. La musique de Wagner est pénétrée du pathos de la victoire et de la mort. Nietzsche prêchait bien la volonté de puissance et chantait la joie extatique de la vie ; mais les derniers mots que lui ait dictés son sentiment désespérément tragique de la vie fut : *amor fati*. L'esprit germanique a bien de la profondeur, mais ce qui lui manque, ce sont des forces de régénération, de résurrection. Ces forces existent dans l'esprit russe et N. Fedorov était la plus haute expression de ces forces de résurrection. Et ce n'est pas par l'effet du hasard que la principale fête de l'orthodoxie russe est celle de la Résurrection du Christ. Ce ne sont ni la mort ni la naissance qui sont les facteurs de la victoire sur le mal de cette vie et de ce monde : c'est la Résurrection. L'expérience du mal qui règne dans le monde est une expérience qui mène à la perte, mais les forces créatrices de la résurrection triomphent du mal et de la mort. L'attitude

1 Voir mon livre : *La destination de l'homme*.
2 Voir ses *Essais de psychanalyse*.
3 *Sein und Zeit*.

de l'éthique chrétienne à l'égard du mal et des méchants ne peut être que paradoxale. Dans le Christ Homme-Dieu et le processus de l'humanité divine se prépare la transfiguration du cosmos tout entier. Le mal et la liberté qui s'y rattache ne peuvent faire l'objet d'une représentation ontologique et statique, on ne peut les penser que dynamiquement, dans les termes d'une expérience spirituelle et existentielle.

Chapitre VII
Le problème métaphysique de la guerre

La guerre est un phénomène fondamental de l'éon de notre monde. Elle est une manifestation de la vie non seulement humaine, sociale et historique, mais cosmique. Héraclite voyait dans la guerre un fait universel. D'après lui, tout se résolverait par la discorde, le caractère cosmique de la guerre tenant à ce que le monde est un monde de mouvement et entouré de feu. Hobbes insistait, lui aussi, sur le caractère originel de la guerre. La guerre régnerait non seulement sur la terre, mais aussi dans le ciel, entre démons et anges. L'histoire du monde se résume en grande partie dans la guerre ; elle est l'histoire des guerres. Les brefs intervalles de paix, comme le dernier quart du XIXᵉ siècle, ont pu faire naître l'idée que c'est la paix, et non la guerre, qui est l'état normal de l'histoire. Mais cette idée, chère aux humanistes du siècle passé, est une idée fausse. On assiste à des guerres entre hommes, entre familles, entre classes sociales, à des guerres au sein de groupes sociaux et de partis politiques, entre nations et États, et l'on constate un penchant marqué pour des guerres religieuses ou confessionnelles et idéologiques. A vrai dire, un ordre stable n'a jamais existé, il y a toujours eu des guerres intestines. La guerre représente le moyen extrême auquel on a recours pour réaliser des fins par la force. Et tout homme pénétré d'une idée qu'il veut réaliser à tout prix, pour assurer, par exemple, la domination de l'église chrétienne, créer un grand empire, accomplir une grande révolution, gagner une guerre, peut bien dans tous ces efforts de réalisation faire preuve d'héroïsme, mais il peut aussi facilement se laisser entraîner par la violence, se transformer en bête sauvage.

S'il y a des guerres, c'est parce qu'il y a « ceci » et qu'il y a « l'autre », que toute activité se heurte à des résistances, que la contradiction constitue l'essence même de la vie du monde. Les hommes ne peuvent pas s'adapter les uns aux autres, ni aux divers groupements dans lesquels ils se trouvent englobés : familiaux, économiques, politiques, sociaux, religieux ou idéologiques. Deux amis, deux amoureux, parents et enfants, deux hommes professant la même religion et la même idéologie peuvent facilement passer à l'état de guerre. L'égoïsme, la présomption, l'envie, la jalousie, l'amour-propre, l'intérêt, le fanatisme sont autant de causes pouvant facilement donner lieu à des guerres. Il y a une dialectique existentielle de l'union et de la division. On prêche la liberté, mais, pour avoir raison des adversaires de la liberté, on est obligé de recourir à la violence et de refuser la liberté à ses adversaires. On lutte contre le Mal au nom du Bien, mais on commence par se livrer au Mal à l'égard de ses défenseurs et représentants. Les hommes et les peuples qui sont pénétrés de l'idée pacifiste de l'abolition des guerres se voient obligés de déclarer la guerre aux partisans de la guerre. Il en résulte un cercle vicieux. La psychologie du fanatisme, de l'adhésion exclusive et fanatique à une idée, qu'elle soit de nature religieuse, nationale, politique ou sociale, a pour aboutissement fatal et inévitable la guerre. Agir, c'est se heurter à des résistances, c'est lutter et, en fin de compte, combattre. Les hommes éprouvent un profond besoin de se battre et sont animés d'instincts guerriers inextinguibles. Même les Hindous, si profondément pacifistes, justifient dans leur grand poème religieux, *Bhagavad Gîtâ*, la guerre et la destruction des adversaires au cours d'une guerre [1]. La guerre crée un type de société particulier et chaque État est imprégné du symbolisme de la guerre. Le sang humain coule en abondance au cours d'une guerre. Mais l'effusion de sang au cours d'une guerre a une signification tout à fait particulière et mystérieuse. L'effusion de sang empoisonne les peuples et donne lieu à de nouvelles effusions qui ne cessent de se répéter. Tout en voyant dans le meurtre un péché et un crime, les peuples ne s'en plaisent pas moins à idéaliser certaines formes de meurtre, telles que le duel, la guerre, la peine de mort, le meurtre masqué que sont les persécutions politiques. Et le sang engendre toujours le sang. Celui qui lève l'épée périt par l'épée. L'effusion de sang ne peut pas ne pas provoquer

1 *La Bhagavad Gîtâ*, interprétée par Shri AUROBINDO.

notre horreur. Les cultes orgiaques de l'antiquité étaient fondés sur l'association de ces deux éléments que sont le sang et la sexualité, entre lesquels il existe effectivement un lien mystérieux [1]. C'est que l'effusion de sang est un facteur de régénération des hommes. La difficulté qui s'oppose à la solution du problème de la guerre tient à l'ambivalence de celle-ci. D'une part, en effet, la guerre représente la phase zoologique du développement de l'humanité, elle est un péché et un mal, mais, d'autre part, les guerres ont contribué à élever les hommes au-dessus de la quotidienneté humiliante de la vie terre-à-terre. Elles ont rendu l'homme capable d'exploits héroïques, elles exigeaient du courage, de la bravoure, elles comportaient l'esprit de sacrifice, le renoncement à la sécurité, la fidélité. Mais, en même temps, les guerres ont contribué à déchaîner les instincts les plus bas de l'homme : cruauté, soif de sang, violence, pillage, volonté de puissance [2]. C'est que l'héroïsme lui-même peut être non seulement positif, mais aussi négatif. L'attrait exercé par la gloire militaire est contraire à l'esprit du christianisme, parce qu'à la guerre se trouve associé le besoin de diviniser des Césars, de grands capitaines, des chefs, des antéchrists, divinisation qu'il ne faut pas confondre avec le culte des génies et des saints. Deux destinées guettent l'homme : ou la guerre, la violence, le sang et l'héroïsme qui revêt le faux attrait de la grandeur, ou la jouissance d'une vie terre-à-terre, en plein contentement de soi, et la soumission au pouvoir de l'argent. Les hommes hésitent entre ces deux états et ont du mal à s'élever à un troisième qui le dépasse.

La guerre — et je parle ici de la vraie guerre — représente la forme extrême du pouvoir de la collectivité sur l'individu. On peut encore exprimer cette idée autrement, en disant que la guerre est une manifestation du pouvoir hypnotique que la collectivité exerce sur la personne. Les hommes ne peuvent combattre que pour autant que leur conscience personnelle se trouve affaiblie au profit de la conscience collective ou de groupe. Le développement et le perfectionnement des moyens servant à la conduite de la guerre ont pour effet l'objectivation de celle-ci [3]. Grâce aux perfectionnements techniques, la guerre s'éloigne de plus en plus de ce qu'elle

1 Voir Viatcheslav IVANOV : *La religion de Dionysos* (en russe).
2 On trouve chez Proudhon des idées remarquables sur l'ambivalence et la guerre. Voir son ouvrage : *La guerre et la paix*.
3 Cf. ULLRICH : *La guerre à travers les âges*.

était à l'époque de la chevalerie où le courage personnel et la noblesse jouaient un rôle prédominant. L'invention des armes à feu
a marqué la fin des guerres de chevalerie. Les guerres d'autrefois,
conduites par des armées de métier, étaient des guerres localisées,
ne s'étendant pas à des peuples et pays entiers. Mais la guerre per-
fectionnée et objectivée est devenue une guerre totale, à laquelle il
est impossible de se soustraire, pour se réfugier dans un abri quelconque. Si l'art de la guerre est un art très compliqué [1], il n'en reste
pas moins l'art de tuer les gens. La guerre est un grand mal ou,
plutôt, elle est l'extériorisation d'un mal qui bouillonnait à l'intérieur. Mais la guerre totale devient un mal total. S'il faut dénoncer
le grand mal et le grand péché qu'est la guerre, on doit se garder
de tomber dans l'extrême opposé, en s'abandonnant à un pacifisme
abstrait et à tout prix. Etant donné l'état de mal qui est celui de notre
monde, la guerre peut bien être le moindre mal. Si la guerre de
conquête et d'asservissement est un mal absolu, une guerre libératrice et défensive n'est pas seulement justifiée, mais sacrée. On peut
en dire autant des révolutions qui sont une modalité de la guerre.
Si les révolutions sont toujours cruelles, elles peuvent aussi être un
bien. La patience est une vertu, mais elle peut aussi se transformer
en vice, en servant d'encouragement au mal. Le bien manifeste son
action dans un milieu concret, complexe, obscur, ce qui fait que ses
manifestations ne peuvent pas être rectilignes et qu'on est souvent
obligé de rechercher le moindre mal. La disparition complète des
guerres ne peut être que l'effet d'une transformation de l'état spirituel des sociétés humaines et d'un changement du régime social.
Le régime capitaliste engendre fatalement des guerres. La victoire
sur la guerre signifie la victoire sur la souveraineté de l'État et sur
le règne exclusif du nationalisme. Mais il est impossible de mettre
fin aux guerres-révolutions sans une transformation radicale de la
vie sociale des hommes. Approuver les guerres et s'extasier devant
elles, tout en condamnant les révolutions et les déclarant inad-
missibles, c'est faire preuve d'hypocrisie, se rendre coupable d'un
mensonge. Les révolutions sont accompagnées d'une effusion de
sang, mais le sang coule encore en plus grande abondance dans
les guerres. Une révolution, qui comporte toujours des horreurs,
peut cependant être un mal moindre que la soumission patiente

1 Ce livre était déjà terminé lorsque fut inventée la bombe atomique, cette invention
étant un moment important de la fatale réalité !

à la servitude, l'acceptation infinie de l'esclavage. C'est ainsi que sont parfois nécessaires des révolutions familiales, des révolutions portant sur les institutions politiques, sociales, économiques. Les guerres et les révolutions jugent les hommes et les peuples ayant rompu leurs attaches divines et humaines et vivant isolés non seulement de l'humain en général, mais aussi de telles ou telles parties de l'humain. Proudhon pensait que la guerre sera surmontée, le jour où elle sera transformée en révolution. Mais il est utopique de penser que la question de l'organisation des sociétés humaines puisse être résolue, tant que l'homme n'aura pas subi une profonde transformation spirituelle. La guerre entraîne toujours une barbarisation de ceux qui y participent. Il y a toujours conflits entre les cultures florissantes et la force militaire. C'est ainsi que les Turcs ont réussi à éliminer des peuples beaucoup plus civilisés qu'eux. Dans le monde antique, ce furent les Assyriens les plus barbares qui vainquirent les autres peuples. C'est une conception trop optimiste et que rien ne justifie dans ce monde-ci que celle qui voit dans la force une expression de la vérité, mais il n'en demeure pas moins qu'une guerre de libération et pour le triomphe de la vérité peut comporter un véritable élan spirituel et être une manifestation de la force de la vérité.

Léon Tolstoï fut le seul pacifiste qui restât conséquent avec lui-même jusqu'au bout. Sa doctrine de la non-résistance au mal, sa négation de la loi de ce monde au nom de la loi divine est beaucoup plus profonde qu'on ne le pense, et elle est généralement mal comprise. Léon Tolstoï a mis le monde chrétien devant le problème suivant : est-il possible de réaliser le bien sur la terre par des moyens célestes ? L'esprit peut-il agir et peut-on agir au nom de l'esprit en se servant de la force et de la violence ? L'homme contient-il un principe divin plus fort que toutes les violences commises par les hommes ? Peut-on gouverner les masses humaines par la Vérité Divine ? Léon Tolstoï fut le grand réveilleur des consciences endormies. Il exigeait des hommes qui croient en Dieu de vivre et d'agir autrement que ceux qui n'y croient pas. Il était choqué de voir des chrétiens, des hommes croyant en Dieu, vivre et bâtir leurs maisons, comme si Dieu n'existait pas, comme s'il n'y avait jamais eu de Sermon sur la Montagne. Les chrétiens vivant, comme les non-chrétiens, selon la loi du monde, et non selon la loi de Dieu. Mais la loi du monde, c'est la guerre, et c'est la violence que l'homme exerce sur l'homme. Tolstoï croyait que la non-résistance au mal et à la violence malfaisante entraînerait l'intervention immédiate de Dieu et aurait pour effet le triomphe du bien. Ce serait la résistance violente de l'homme qui s'opposerait à l'action de Dieu parmi les hommes. On peut définir cette conception comme une mystique quiétiste, appliquée à l'histoire et à la vie sociale. Il y a dans cette conception une grande vérité critique. Mais l'erreur de Tolstoï consistait en ce qu'il ignorait le mystère que constitue l'existence de deux natures différentes, mais réunies : l'humaine et la divine. Il était moniste, plus proche de la philosophie religieuse hindoue et du bouddhisme que de la philosophie religieuse chrétienne. Il a dénoncé avec une grande véhémence le mal historique, mais le mal métaphysique lui échappait. Il avait raison d'affirmer l'impossibilité de vaincre par la violence le mal qui réside dans l'homme. Il s'intéressait uniquement à l'homme qui recourt à la violence dans la lutte contre le mal, sans avoir l'air de s'intéresser au sort de l'homme qui subit la violence et qu'il faut défendre, en mettant un terme à la manifestation extérieure du mal. Aussi ne fait-il aucune différence entre une guerre défensive, une guerre de libération, et les guerres offensives, les guerres de conquête et d'asservissement. Tolstoï veut que règne la loi de Dieu, et non la loi du monde ; la loi d'amour, et non la loi de violence. En quoi il a saintement raison. Mais comment y parvenir ? Le triomphe définitif de ce qu'il appelle la loi du maître de la vie suppose la transformation du monde, la fin de ce monde-ci, de cette terre et le commencement d'un autre monde, d'un monde nouveau, d'une terre nouvelle. Mais Tolstoï reste pour le chrétien un grand animateur. Le problème métaphysique de la guerre est celui du rôle joué par la violence dans les conditions de ce monde phénoménal. Lorsque Tolstoï enseigne que Dieu réside dans la vérité, et non dans la force, il oppose l'idée russe à l'idée allemande, il s'oppose à Hegel et à Nietzsche. La vraie grandeur de Tolstoï réside dans la force avec laquelle il a dénoncé la non-vérité et la nullité de toutes les grandeurs de ce monde. Nulle et misérable est toute grandeur en ce monde, que ce soit celle de la majesté royale, celle que confère la noble puissance, que ce soit la grandeur militaire qu'on tient de la richesse ou du luxe, la grandeur de César et de Na-

poléon. Ce sont là des grandeurs faisant partie d'un monde phénoménal, déchu, incapable de s'élever à l'état nouménal. La grandeur
historique est trop liée au mensonge, à la colère, à la cruauté, à la
violence et au sang. L'amour que les masses et leurs chefs éprouvent
pour les cérémonies, pour les symboles conventionnels, pour les
distinctions de toutes sortes, pour les uniformes, pour les discours
d'une rhétorique solennelle et pour le mensonge utile constitue la
meilleure révélation de l'état du monde et de l'homme et montre
à quel point le mensonge gouverne le monde. Et ce n'est pas seulement dans ses traités religieux et moraux, mais c'est aussi dans
son roman *Guerre et Paix* que Tolstoï ne cesse de lancer des ac-
cusations contre ce monde, contre ce qu'il y a de mensonger dans
l'histoire et la civilisation [1]. Rien n'atteste davantage la déchéance
de l'homme que la difficulté avec laquelle il supporte l'épreuve de
la victoire. Alors qu'il a trouvé des forces héroïques pour supporter
les persécutions, la victoire n'a toujours servi qu'à réveiller ses bas
instincts, à lui faire commettre des violences et des persécutions.
Les chrétiens furent des héros pendant les persécutions, mais une
fois victorieux, ils sont devenus persécuteurs eux-mêmes. Il n'y a
pas de plus grande épreuve que celle de la victoire, ce qui autorise
presque à dire : malheur à ceux qui sont victorieux dans ce monde !
C'est le paradoxe de la dialectique de la force et de la victoire. La
victoire suppose une force, une force morale. Mais elle a vite fait de
transformer la force en violence et de détruire le caractère moral
de la force. Et ceci nous met en présence du problème central qui
est celui des rapports entre l'esprit et la force.

L'écrasante majorité des hommes, y compris les chrétiens qui sont
matérialistes, ne croient pas à la force de l'esprit ; ils ne croient qu'à
la force matérielle, à la force militaire ou économique. Aussi ont-
ils tort de s'indigner contre les marxistes. L'opposition même qu'on
veut établir entre la force et l'esprit est une opposition conventionnelle et erronée. La notion de force a des significations multiples.
On y voit le produit des efforts musculaires et on la confond avec
l'aptitude réalisatrice de la volonté. Mais la philosophie de la force
est une métaphysique naturaliste, et la philosophie de la vie, également naturaliste, aboutit à l'apothéose de la force. La conception naturaliste de la force a été étendue à la vie sociale et même

1 Le meilleur livre philosophico-religieux de Tolstoï est celui qui a pour titre : *De
la vie* (en russe).

à la vie de l'Église, qui a toujours eu recours à la force de l'État, c'est-à-dire à la force matérielle. Mais la force matérielle n'est pas la seule qui existe, et il est permis de parler également de force spirituelle. Le Christ a parlé comme un Puissant, c'est-à-dire avec force, mais cette force n'avait rien de commun avec la force matérielle. Nous disons : force de l'amour, force de l'esprit, force d'héroïsme, de sacrifice, de connaissance, de conscience morale, force de la liberté, du miracle qui a eu raison des forces de la nature. La vraie opposition est celle de la force et de la violence, mais même cette opposition est beaucoup plus compliquée qu'on ne le pense. Outre la violence physique, qui est manifeste et saute aux yeux, les hommes subissent sans cesse une violence psychologique, qui, quoique moins visible, n'en peut pas moins être plus affreuse que la violence physique. C'est que la violence présente une gradation assez compliquée. L'éducation, la religion, par les terreurs qu'elle inspire, les mœurs familiales, la propagande, la suggestion quotidienne exercée par les journaux, le pouvoir des partis politiques sont autant d'aspects que revêt la violence, autant de formes qu'elle emprunte, sans parler du pouvoir de l'argent qui est la source de la plus grande violence, et de tant d'autres moyens, non physiques, dont les hommes disposent pour exercer une violence sur leurs semblables. L'homme subit la violence non seulement du fait d'actes physiques, mais aussi du fait d'actes psychiques qui le maintiennent dans la terreur. Un régime de terreur comporte non seulement des moyens d'action physiques, tels que l'emprisonnement, la torture, les exécutions, mais aussi des moyens psychiques, destinés à inspirer aux victimes la terreur et à les maintenir dans la terreur. C'est ainsi qu'au moyen âge on exerçait sur les hommes une terrible violence psychique par la perspective des souffrances et des tortures de l'enfer. Il y a violence psychique toutes les fois qu'il y a absence de liberté intérieure. La force mauvaise implique toujours la négation de la liberté d'autrui. Les partisans des régimes despotiques aiment bien la liberté pour eux-mêmes et se permettent une trop grande liberté de mouvements à laquelle il serait bon d'imposer des limites.

La force comme telle n'est ni une valeur ni un bien. Les valeurs supérieures de ce monde sont plus faibles que les valeurs inférieures, les valeurs spirituelles plus faibles que les valeurs matérielles [1]. Un prophète, un philosophe, un poète sont plus faibles qu'un policier ou un soldat. Ce sont la force de l'argent et celle des canons qui sont les plus grandes de toutes celles que connaisse notre monde empirique déchu. On peut, avec des canons, détruire les plus hautes valeurs spirituelles. Le guerrier romain était plus fort que le Fils de Dieu. C'est pourquoi le culte de la force comme telle est anti-divin et inhumain. Ce culte est toujours celui d'une force matérielle inférieure et témoigne chez ceux qui le professent d'un manque de foi dans la force de l'esprit et de la liberté. Ce n'est pas en effet la défense de la faiblesse et de l'impuissance qu'on doit opposer au faux culte de la force, mais l'esprit et la liberté et, dans la vie sociale, le droit et la justice. La loi de ce monde naturel et phénoménal est celle de la lutte entre individus, entre peuples, entre familles, tribus, nations, États, empires pour l'existence et la domination. Telle est la loi de la guerre. Le démon de la volonté et de la puissance tourmente et ronge hommes et peuples. Mais dans ce monde affreux peut pénétrer un souffle d'esprit, un principe de liberté, d'humanité, de charité. Le Christ a été contre les « premiers », c'est-à-dire contre les forts. Le christianisme est en opposition radicale avec le culte de la force, c'est-à-dire avec la sélection naturelle. Le culte de la force n'est pas un culte russe. Mais la guerre pose un problème encore plus impérieux, qui est celui de l'attitude à l'égard de l'ennemi. La dialectique de la guerre aboutira à ce résultat qu'on cessera de voir dans l'ennemi un homme à l'égard duquel tout serait permis. La chevalerie exigeait un traitement chevaleresque de l'ennemi, et cette exigence était restée longtemps en vigueur. On rendait à l'ennemi mort des honneurs militaires. Si la guerre a cessé d'être chevaleresque, c'est parce qu'elle est devenue totale. Or, dans la guerre totale, la cruauté à l'égard de l'ennemi est un traitement autorisé et même encouragé. Il suffit de se montrer cruel même à l'égard de proches, pour les transformer en ennemis. La dialectique de la guerre, pour autant qu'elle entraîne sa transformation complète qui lui communique un caractère inhumain, se rattache étroitement au développement extraordinaire de la technique de la guerre. C'est là une des phases de la dialectique de la guerre, mais les monstrueuses destructions et les innombrables sa-

---

1 On trouve sur cette question des idées intéressantes chez N. Hartmann. Voir son ouvrage : *Das Problem des geistigen Seins*.

crifices de vies humaines que comporte cette phase ne peuvent pas ne pas aboutir finalement à la négation de la guerre. Les nouvelles armes, les gaz, la bombe atomique ont complètement transformé la guerre et en ont fait un phénomène nouveau pour lequel on n'a pas encore trouvé de nom. Les moyens de destruction sont tellement terribles que lorsqu'ils tombent entre les mains de méchants, la question de l'état spirituel des sociétés humaines se pose avec une acuité particulière. L'idéalisation romantique de la guerre se rattache au culte de l'héroïsme et de héros et correspond à une tendance profonde de la nature humaine. Mais le culte des héros est un culte antique, gréco-romain. C'est la chevalerie qui a pris sa place dans le monde chrétien. Et bien que la chevalerie ait disparu dans les civilisations bourgeoises, on continue à associer à la guerre la notion de grandeur. Il est vrai que la dernière guerre mondiale a donné lieu à des actes d'extraordinaire héroïsme à côté d'actes d'extraordinaire bestialité. Toujours est-il que les règles imposées par la chevalerie quant à l'attitude à tenir à l'égard de l'ennemi se trouvent violées. L'héroïsme chrétien transfiguré n'a guère trouvé l'occasion de se manifester. N. Fedorov croyait à la possibilité de mettre fin aux guerres et de diriger les instincts guerriers qui sont indéracinables vers d'autres domaines, vers la lutte contre les forces élémentaires de la nature. Cette croyance témoigne de la hauteur de la conscience morale de Fedorov, mais elle témoigne aussi qu'il se rend insuffisamment compte de la force du mal dans l'homme et dans le monde.

La guerre, je le répète, est un mal, mais elle n'est pas toujours le plus grand mal, elle est même parfois le moindre mal, et cela notamment quand elle libère d'un mal plus grand. La guerre, en tant que phénomène cosmique, doit son existence à l'insuffisance des forces spirituelles. Au lieu de croire à la force de l'esprit, on croit à l'esprit de la force. Au lieu de s'assigner comme fin l'enrichissement de la vie et de la culture spirituelles, on ne cherche à réaliser que l'agrandissement de l'État et l'accroissement de sa puissance. Aux *fins* de la vie, on substitue les *moyens* de la vie. La substitution de moyens aux fins, la transformation des moyens en fins se suffisant à elles-mêmes constituent un processus historique aux conséquences les plus graves. Cela signifie toujours une éclipse de l'esprit. S'incliner devant la force, c'est faire preuve d'un faux optimisme et d'un faux monisme. Les cris des vainqueurs qui ont retenti dans le monde n'ont que trop souvent montré que le monde est plongé dans le mal. Ce n'est pas Dieu qui autorise les forts à verser le sang, et c'est en le faisant qu'ils rompent avec Dieu. Ce monde assiste avec trop d'indifférence à la crucifixion de la vérité. La domination que la guerre et la force militaire exercent sur le monde témoignent d'une absence de foi dans la force de la vérité même, dans la force de l'esprit, dans la force de Dieu. Si l'esprit est une force, et la plus grande des forces, ce n'est pas au sens que le monde entend par ce mot ; il s'agit d'une force qui n'a rien de commun avec celle devant laquelle le monde s'incline. Il s'agit d'une force capable de déplacer les montagnes. Des manifestations de l'esprit sont possibles dans ce monde, et c'est grâce à elles que l'homme s'est maintenu en vie et que l'histoire a continué sa marche vers le but supra-historique qui n'est autre que le royaume de Dieu. La victoire de l'humain est-elle possible dans les conditions de notre monde ? L'humanité doit garder ses droits, même dans les terribles conditions de la guerre, mais sa victoire définitive ne pourra être réalisée qu'au delà des limites de ce monde. La guerre, sous toutes ses formes et dans toutes ses manifestations, résulte de la rupture du lien qui existe entre l'homme et Dieu, de l'affirmation de l'autonomie des forces de l'homme et du monde. La suppression du mal que représente la guerre, comme du mal en général, suppose une transformation radicale de la conscience humaine, la victoire sur l'objectivation, produit d'une fausse orientation de la conscience. L'ennemi est l'être le plus objectivé, le plus transformé en objet, celui qui nous est le plus étranger au point de vue existentiel. Le combat ne peut avoir lieu que contre un objet, jamais contre un sujet. Mais nous vivons dans un monde où règne l'objectivation, dans un monde de division, et c'est pourquoi nous sommes dominés par la guerre. Le monde de l'humanité, de la spiritualité, de la beauté, de l'immortalité est un monde qui n'a rien de commun avec le monde des terreurs, des souffrances, du mal et de la guerre que j'ai essayé de décrire.

Chapitre VIII
DE L'HUMAIN

Nous ne possédons pas encore une véritable anthropologie religieuse et métaphysique. Ni l'anthropologie des Pères de l'Église, ni celle de la scolastique, ni celle de l'humanisme ne sont faites pour nous satisfaire. La traditionnelle doctrine chrétienne de l'homme, obsédée qu'elle était par la conscience du péché, n'a pas découvert la nature créatrice de l'homme. D'autre part, la compréhension de l'humain, de l'humanité, n'a pas été poussée jusqu'à ses assises, à ses fondements religieux et métaphysiques. Le vrai humain est ce qui, dans l'homme, est à la ressemblance de Dieu, ce qui, dans l'homme, est le divin [1]. C'est en cela que consiste le caractère paradoxal des rapports entre le divin et l'humain. Pour être homme tout à fait, pleinement, il faut ressembler à Dieu. Pour avoir une image humaine, il faut avoir une image divine. L'homme comme tel est très peu humain, il est même inhumain. Ce n'est pas l'homme qui est humain, mais Dieu. C'est Dieu qui exige que l'homme soit humain, tandis que l'homme ne l'exige que très peu. De même, c'est Dieu, et non l'homme, qui exige que l'homme soit libre. L'homme lui-même aime l'esclavage et s'en accommode fort bien. La liberté n'est pas un droit de l'homme, mais un devoir envers Dieu. On peut en dire autant de l'humanité. En réalisant en lui l'image de Dieu, l'homme réalise en lui l'image humaine et, inversement, en réalisant l'image humaine, il réalise l'image de Dieu. C'est en cela que consiste le mystère du divin-humain, qui est le plus grand de tous les mystères de la vie humaine. L'humanité est la théo-humanité. L'homme réalise en lui davantage l'image de l'animalité que l'image de Dieu. L'animalité de l'homme occupe une place infiniment plus importante que la divinité humaine. Mais le fait que l'homme est très souvent à l'image de l'animal ne signifie nullement que l'homme soit semblable à un animal qui est, lui aussi, une belle créature divine. Ce qui est monstrueux, ce n'est pas l'animal, mais l'homme devenu animal. L'animal est certainement

---

1 Je suis sur ce point d'accord avec le Père Boulgakov, mais celui-ci n'est pas d'accord avec ma théorie de la créativité, de la liberté et du mal. Voir le dernier volume de son système théologique : *La fiancée de l'agneau* (en russe) que j'ai lu alors que mon livre était déjà terminé. La philosophie religieuse russe a des caractères génériques par lesquels elle se distingue de la pensée chrétienne de l'Occident.

infiniment meilleur que l'homme tombé au niveau de l'animal. L'animal ne tombe jamais à des niveaux aussi bas que ceux auxquels l'homme est capable de tomber. Il y a, chez l'animal, quelque chose d'angélique. De même que l'homme est une image déformée de Dieu, l'animal est une image angélique déformée. Mais la déformation de l'image angélique ne revêt jamais, chez l'animal, des proportions aussi effrayantes que la déformation de l'image de Dieu chez l'homme. L'homme est responsable de l'état de l'animal dans ce monde, tandis que l'animal n'a aucune responsabilité. Et cela tient à ce que l'homme est un microcosme et qu'il est doué d'une liberté qu'aucune autre créature, aucune autre partie du cosmos ne possède au même degré. Si Dieu n'existait pas, l'homme pourrait être considéré comme un animal à la fois plus parfait et moins parfait que les autres. L'humanité divine et la divinité humaine représentent un double mystère : la naissance de Dieu dans l'homme et celle de l'homme en Dieu. Si l'homme a besoin de Dieu, Dieu, à son tour, a besoin de l'homme. Le monisme, le monophysisme, qui nient cette double vérité, nient en même temps l'indépendance de l'homme. Il y a deux mouvements : celui de Dieu vers l'homme, et celui de l'homme vers Dieu. L'homme est indispensable à la vie divine, à sa plénitude, et c'est ce qui donne lieu au drame divin et humain. Les rapports qui existent entre l'homme et Dieu ne sont pas des rapports juridiques, mais des rapports dramatiques. La naissance de l'homme en Dieu est un processus théogonique. Vu à la lumière de son idée éternelle, l'homme a ses racines dans le divin qui est en même temps l'humain, et il est lié au Dieu fait Homme. Aussi peut-on dire qu'il existe en Dieu une humanité prééternelle, un homme prééternel, celui que la Kabbale appelle Adam Kadmen. L'humain existe dans l'éternité et doit se réaliser dans le temps. L'éternité elle-même doit être comprise comme étant dynamique, et non statique, car en elle le repos absolu coïncide avec le mouvement absolu. L'humain ne doit être confondu ni avec l'humanisme, ni avec l'humanitarisme, il est ce qui, dans l'homme, est divin et humain à la fois. Le dogme christologique est une expression symbolique de cette vérité de l'union du divin et de l'humain. Mais il n'a pas encore étendu cette vérité à l'homme tout entier, et cela parce qu'il est homme, c'est-à-dire un Homme-Dieu potentiel. Cela est impossible à comprendre, si l'on se place au point de vue rationaliste. En adoptant ce point de vue, on dévie toujours soit vers le monisme, soit vers le dualisme. Du point de vue rationaliste, il est très facile d'interpréter dans l'esprit du monisme la vérité d'après laquelle l'homme est l'image de Dieu. Mais il y a le mystère de la dualité dans l'unité, de l'union du divin et de l'humain en un seul, le mystère du double mouvement. De tous les docteurs de l'Église, saint Grégoire de Nysse fut peut-être le seul à défendre la liberté et la dignité de l'homme, en tant qu'image de Dieu [1]. Son anthropologie est ce que la pensée chrétienne sur l'homme ait produit de meilleur.

Ce qui trouble notre conception de l'homme en général et de l'homme concret en particulier, c'est la structure complexe de l'homme, qu'il est difficile de ramener à l'unité. La personne de l'homme est le produit d'une lutte. C'est la structure pluraliste de l'homme qui a pu donner naissance aux anciennes représentations d'une ombre, considérée comme le double de l'homme, ce qui ne permettait pas de juger lequel des deux, de l'homme et de son double, était la principale réalité. L'homme comprend incontestablement un double moi : un moi qui est le moi véritable, réel, profond, et un moi créé par les passions, l'imagination, un moi fictif, qui entraîne l'homme vers le bas. La personnalité s'élabore au cours d'un long processus, elle se forme à la suite d'un choix, d'une élimination de ce qui, en moi, n'est pas moi. L'âme est un processus créateur, une activité créatrice [2]. L'esprit humain doit toujours se transcender, s'élever vers ce qui dépasse l'homme. C'est ainsi seulement que l'homme, au lieu de se perdre et de disparaître, se réalise. Ce sont la présomption et la suffisance qui occasionnent la perte de l'homme. C'est pourquoi le sacrifice est le chemin qui mène à la réalisation de la personne. L'homme n'est pas toujours seul. En lui se fait entendre la voix d'un démon, et les Grecs disaient que le démon est porteur de biens. « Eudaimonos » est celui qui a reçu un bon démon. Ceci est de nature à rendre la structure de l'homme encore plus complexe. Jung prétend que la *persona* est le masque de la réalité collective, ce qui ne saurait s'appliquer au

---

1 C'est Nesmélov qui, en Russie, a le plus insisté sur ce point. Il a écrit un livre sur saint Grégoire de Nysse.
2 C'est aussi ce que dit Wundt qui se montre ainsi actualiste dans sa conception de l'âme.

noyau métaphysique de la personne [1]. Il y a bien plusieurs « moi », mais il y a un seul « moi » profond. L'homme se trouve en présence de plusieurs mondes correspondant aux diverses formes de son activité : le monde de la vie quotidienne, le monde de la vie religieuse, le monde de la science et de l'art, le monde politique et économique, etc. Et chacun de ces mondes contribue à la formation de la personne, lui imprime un cachet particulier, influe à sa manière sur sa conception du monde. Notre conception du monde résulte toujours d'un choix, d'une limitation, beaucoup d'éléments disparaissant du champ de notre conscience, tandis que beaucoup d'autres y entrent. Cela est vrai de chacun de nos actes, de la lecture d'un livre, par exemple. Amiel disait avec raison que chacun ne comprend que ce qu'il trouve en lui-même. L'homme est à la fois très borné et infini, d'une petite capacité et d'une capacité qui lui permet d'embrasser l'univers entier. Potentiellement, il contient tout, mais il actualise peu. Il est une contradiction vivante, un mélange de fini et d'infini. On peut dire de même qu'il est une juxtaposition d'un bas et d'un haut. C'est ce que Pascal a exprimé avec une clarté incomparable. La séparation entre les émotions volitives et les processus intellectuels-cognitifs n'existe que dans la pensée abstraite, mais, dans la réalité concrète, la vie psychique est indivisible et se manifeste tout entière dans chacun de nos états ou actes. C'est la synthèse créatrice qui réalise l'image de l'homme, et sans cette synthèse l'homme ne serait qu'une réunion de fragments et de débris. C'est l'affaiblissement de la spiritualité dans l'homme, la perte de contact avec le centre qui a pour effet la fragmentation de l'homme, sa désagrégation en mille morceaux. Il se produit alors une décomposition, une dissociation de la personne. Mais c'est la vie émotionnelle qui constitue le fait fondamental, le fond de la vie humaine, la connaissance elle-même étant impossible sans l'émotivité [2]. Carus, anthropologiste et psychologue de l'époque romantique, prétendait que la conscience est individuelle et l'inconscient supra-individuel [3]. Ceci peut être interprété en disant que dans les

---

1 JUNG : *Le moi et l'inconscient.*
2 Max Scheler insiste tout particulièrement sur l'importance de l'intuition émotionnelle, mais l'intuition à l'état pur ne peut pas être émotionnelle. Keyserling, de son côté, fait ressortir (dans ses *Méditations sud-américaines*) le rôle capital du principe émotionnel.
3 Voir Cr. BENOULLI : *Die Psychologie von Carl Gustav Carus.*

profondeurs de la conscience l'homme dépasse le conscient individuel pour communier avec les éléments cosmiques. Mais le noyau de l'individualité se situe à un niveau beaucoup plus profond que celui de la conscience. Nous devons admettre avec amertume qu'il est naturel que les hommes se haïssent réciproquement et s'entretuent, mais du point de vue spirituel ils doivent s'aimer les uns les autres, s'entr'aider. C'est pourquoi il faudrait proclamer, non un droit naturel ou une morale naturelle ou une raison naturelle, mais un droit, une morale, une raison spirituels. On commet une erreur en ramenant l'intégrité et la liberté humaines au primitif, au naturel, aux sources du monde phénoménal, alors qu'elles ne sont en rapport qu'avec l'esprit, avec le monde nouménal. Tout est déterminé par un acte de l'esprit s'élevant au-dessus du circuit naturel. Ravaisson distingue entre la passion ayant sa cause en dehors de l'être qui l'éprouve et l'action ayant sa cause dans l'être lui-même [1]. Mais c'est à l'action qu'appartient le primat sur la passion, car ce qui vient du dehors n'est que la projection extérieure de ce qui a sa source à l'intérieur même de l'être. Le côté douloureux et dramatique de l'existence humaine dépend en grande partie du fait que les hommes sont fermés les uns aux autres, de la faiblesse de la spiritualité synthétisante qui est la condition de l'unité de l'homme et de l'union des hommes entre eux. L'union érotique équivaut au fond à une effrayante séparation et à une hostilité des partenaires. La vraie union des hommes constitue l'expression du lien qui rattache l'homme à Dieu. La véritable union des hommes est celle qui est à la fois divine et humaine, et non uniquement humaine.

Il y a bien une unité humaine, mais c'est une unité spirituelle, unité de destinées. Lorsqu'on s'applique à réaliser la perfection de la vie humaine, en partant de la perfection religieuse et morale individuelle, on constate que ce but ne peut être atteint que par le moyen de transformations sociales et de perfectionnements de la vie sociale, et lorsqu'on veut obtenir le même résultat en partant de transformations sociales et de perfectionnements sociaux, on se trouve devant la nécessité de réaliser la perfection intérieure des hommes.

On adresse à l'humanisme (humanitarisme) des critiques justifiées et des critiques qui sont fausses. Le principal mensonge sur

---

1 RAVAISSON : *De l'habitude.*

lequel repose l'humanisme consiste dans l'idée présomptueuse que l'homme professe sur lui-même, dans la suffisance avec laquelle il s'érige lui-même en Dieu, autrement dit dans la négation du théoandrisme. L'ascension de l'homme, son élévation à la hauteur suppose l'existence de quelque chose qui lui est supérieur. Et lorsque l'homme reste en tête-à-tête avec lui-même, s'enferme dans l'humain, il se crée des idoles, sans lesquelles il lui est impossible de s'élever. C'est ce qui forme la base de la vraie critique de l'humanisme. Quant à la fausse critique, elle nie l'importance positive de l'expérience humaniste et aboutit à la négation de l'humain dans l'homme. On peut aboutir ainsi à l'adoration d'un dieu inhumain et, par voie de conséquence, à la bestialisation. Mais un dieu inhumain n'est pas meilleur, il est même pire qu'un homme sans Dieu. Il ne faut jamais oublier qu'à la négation de Dieu et du théoandrisme par la conscience superficielle ne correspond pas l'absence d'un véritable théoandrisme dans l'homme. Dans le christianisme se trouve déposée l'humanité supérieure, puisqu'il s'appuie sur le théoandrisme, sur la reconnaissance de la haute valeur de la personne humaine. On pourrait distinguer dans l'histoire du monde trois stades : celui de l'inhumain dans le christianisme, celui de l'humain extra-chrétien et la nouvelle humanité chrétienne. L'humain extra-chrétien peut facilement correspondre à une attitude qui tient compte, non de l'être humain concret, mais de l'homme et d'une humanité abstraits. Ceci peut toujours aboutir à un comportement idolâtrique envers la société, l'humanité, envers l'idée de justice, etc. Mais l'être vivant concret, cet homme-ci ou celui-là, a une valeur infiniment supérieure à celle de l'idée abstraite du bien, du bien commun, du progrès infini, etc. Telle est l'attitude chrétienne envers l'homme [1]. Le véritable paradoxe consiste en ce qu'il existe l'idée la plus élevée du personnalisme et de l'humanité. Seul le christianisme exige que l'ennemi soit traité humainement, il est seul à prêcher l'amour de l'ennemi. Mais les chrétiens ont continué à pratiquer l'inhumanité dans les guerres, dans les révolutions et les contre-révolutions, dans les châtiments qu'ils infligeaient à ceux qu'ils considéraient comme des criminels, dans la lutte contre ceux qui ne partageaient pas les croyances et les idées régnantes. Dans la vie des sociétés, l'humanité dépendait de leur niveau moral. Appliquée à la sphère du relatif, la vérité chrétienne absolue

1 Voir mon livre : *De la destination de l'homme.*

subissait nécessairement des déformations. D'autre part, la moralité normative et le légalisme moral peuvent facilement devenir inhumains. Kant, auquel la philosophie morale doit certainement beaucoup, attribue une valeur absolue, non pas tant à l'homme concret qu'à la nature morale et rationnelle de l'homme. Le formalisme moralisant a toujours de mauvaises conséquences et vicie les rapports directs, vivants des hommes entre eux. On peut en dire autant du moralisme de Tolstoï. La conception sociologique du monde, qui remplace la théologie par la sociologie, peut bien inscrire l'humanité sur sa bannière, mais on n'y découvre aucun rapport avec l'homme concret. Elle proclame seulement le primat de la société sur l'homme, sur la personne humaine.

Très intéressante est la dialectique existentielle qui découlait de la théorie de Rousseau concernant la bonté primitive de la nature humaine, pervertie par les sociétés et la civilisation. Il faut dire avant tout que la conception philosophique de Rousseau était d'une faiblesse qui prêtait facilement le flanc à la critique. Mais cette faiblesse provenait d'une erreur. La bonté naturelle, telle que la concevait Rousseau, était la bonté qui existait avant la chute originelle. C'est là un souvenir du Paradis. L'état civilisé des sociétés serait une conséquence de la chute. N'oublions pas que saint Thomas d'Aquin admettait également la bonté de la nature humaine, et c'est pourquoi il est tant question de raison naturelle, de morale naturelle et de droit naturel dans sa philosophie. Le mal provient, non pas de la nature, mais de la volonté. Rousseau commence par se révolter contre les structures sociales dans lesquelles il voit la source de tous les maux, contre la société en général qui opprime l'homme. Et il finit par conclure à la nécessité d'un contrat social devant servir de point de départ à une société nouvelle. Mais ce nouvel État et cette nouvelle société ne manqueront pas, à leur tour, d'opprimer l'homme. Nous assistons chez Rousseau à la négation du droit inaliénable de l'homme et de sa liberté, de la liberté de conscience avant tout. Il propose d'éliminer les chrétiens de la nouvelle société, proposition qui s'est montrée riche en conséquences et a donné naissance au jacobinisme, dont le caractère totalitaire est évident. L. Tolstoï s'est montré plus conséquent et plus radical. Chez lui, il n'est pas question de contrat social, il veut laisser l'homme demeurer dans la nature divine. Mais, d'autre part, sa théorie de la nature pécheresse de l'homme pouvait facilement être interprétée comme humiliante pour l'homme et comme inhumaine.

Dans le calvinisme classique et dans le barthisme de nos jours, l'homme se trouve également humilié, réduit à rien. Mais chez ceux-là mêmes qui exaltent l'audace humaine, l'homme est humilié et supprimé, il disparaît dans le surhumain. Nous avons déjà parlé de la dialectique du divin et de l'humain chez Nietzsche. Marx commence, lui aussi, par la défense de l'homme, de l'humanisme, pour finir par noyer l'homme dans la société, dans le collectif. Bien qu'ayant suivi des directions différentes, Nietzsche et Marx ont abouti à la négation de l'humanité, à la rupture avec la morale aussi bien évangélique qu'humanitaire. Mais Marx nie beaucoup moins l'humain et ouvre la possibilité d'un néo-humanisme. Toutes les créations de Dostoïevski sont pénétrées d'une dialectique existentielle portant sur les rapports entre l'homme et Dieu, Dieu et l'homme. L'humain ne peut pas être considéré à part, en dehors de ses rapports avec le surhumain et le divin.

Il est impossible de construire une anthropologie religieuse, sans avoir une idée claire et exacte du grand rôle que la sexualité joue dans la vie humaine. La malédiction du sexe pèse sur l'homme. L'homme n'est pas un être complet, car un être complet serait androgyne.

La sexualité fait de lui la moitié d'un être complet. Il a la nostalgie de la complétude et y aspire, sans jamais y parvenir ou en n'y parvenant que par instants. Dans aucune autre sphère de la vie il ne s'est accumulé autant de perversions et de bassesses que dans la sphère sexuelle. L'homme cache son sexe comme une honte. On voit dans le sexe non seulement la source de la vie et de possibilités d'un épanouissement vital, mais une humiliation et une cause d'esclavage pour l'homme. L'homme traverse une crise de la vie générique, et cette crise est très douloureuse. Elle tient à l'exaltation de la conscience personnelle. Grâce à l'introduction de la machine et à la place qu'elle a conquise dans la vie des peuples, l'homme se trouve dans l'impossibilité de vivre de la vieille vie générique d'autrefois. La machine a en effet provoqué dans la vie des hommes une révolution formidable [1].

L'organique a fait place à l'organisation, le cosmique au social. Il ne

1 Voir ma brochure : *L'homme et la machine.*

faut pas confondre le sexuel et l'érotique : ce sont là deux principes qui s'enchevêtrent, mais tout en restant différents. L'union des sexes est un fait biologique et animal ; la famille est une formation sociale, liée à la procréation ; l'amour est un principe métaphysique et d'ordre personnel. Pour ce qui est de l'union des sexes, elle devrait être limitée par une ascèse, et même par une ascèse radicale ; la famille devrait être réglée comme une libre association, à base de fraternité, et quant à l'amour, il ne se soumet à aucune norme ; en raison de son caractère libre et mystique et rigoureusement individuel, il est soumis aux lois du monde et exige quelquefois un sacrifice volontaire. Le racisme, cette théorie anti-humaine et anti-chrétienne, repose tout entier sur le principe de l'hérédité biologique, principe d'ailleurs très douteux, de l'avis des biologistes eux-mêmes [1]. Le racisme représente l'anti-personnalisme poussé à l'extrême et ne voit dans l'homme que le représentant d'une simple race animale. On se trompe fort en croyant que, grâce à la sélection raciale, qui rappelle la sélection pratiquée par les éleveurs, on arrivera à créer une race aristocratique. Une sélection, d'ordre uniquement biologique et social, ne peut, au contraire, favoriser que la tendance purement plébéienne à se pousser dans les premiers rangs. L'aristocratisme est chose innée, originelle ; l'aristocratisme est une qualité spirituelle, tandis qu'une sélection purement matérielle ne peut donner naissance qu'à une race plébéienne. L'aristocratisme est esprit, la nation est toujours plébéienne. L'aristocratisme vrai est un aristocratisme de descente, de sacrifices, dominé par les sentiments de culpabilité et de pitié. Deux idées luttent entre elles dans le monde : celle de la formation d'une aristocratie de race et de sang, obtenue par la sélection des plus forts, des plus robustes, des meilleurs au sens biologique du mot, cette idée ayant pour corollaire celle de la domination des individus ainsi sélectionnés sur les autres, et l'idée de la fraternité humaine, de la reconnaissance de la dignité et de la valeur de toute personne humaine, du fond spirituel de chacun. Pour les partisans de la première de ces idées, l'homme ne serait que nature ; pour ceux de la seconde, il est esprit. L'humain n'est compatible qu'avec la seconde de ces idées, la première est inhumaine. Mais il y a une dialectique des premiers et des derniers : les derniers deviennent premiers et nous restons enfermés dans un cercle sans issue. La morale de la

1 Jean ROSTAND : *Hérédité et racisme.*

tribu continue jusqu'à nos jours à inspirer nos jugements moraux, les hommes continuent à obéir à des sentiments qui sont illusoires. La morale de la tribu est encore forte. C'est à cette morale que nous sommes redevables de la fausse conception de l'honneur : honneur de la famille, de la nation, honneur de classe, honneur militaire, et nous sommes encore loin de la vraie conception de la dignité personnelle. Les chrétiens n'ont pas encore réussi à s'assimiler cette vérité que ce qui humilie l'homme, ce n'est pas ce qui y entre, mais ce qui en sort. Les chrétiens sont toujours dominés par des instincts de vengeance idéalisés. La morale de l'humain se heurte à une contradiction et à un paradoxe qui sont, eux aussi, d'ordre moral. Lorsque l'homme aspire à la pureté et à la perfection, lorsque, blessé par le mal du monde, il professe un maximalisme moral, il lui arrive souvent d'aboutir à un résultat contraire à celui qu'il recherchait : à l'inhumain au lieu de l'humain. Les exemples des montanistes, des manichéens, des cathares, des puritains, des jansénistes, des jacobins, des tolstoïens, des partisans fanatiques du communisme, etc., sont là pour nous montrer à quel point il est difficile d'atteindre l'humain. Le paradoxe moral consiste en ce que les pécheurs peuvent être les premiers à pénétrer dans le royaume de Dieu. C'est l'amour du pécheur qui constitue l'originalité du christianisme. Les purs, ceux qui préservent la blancheur de leurs vêtements, ne peuvent pas être accessibles à la charité. On commet une erreur, on fait même preuve d'hypocrisie, en se détachant du monde, sous le prétexte de garder la pureté. De là vient le mépris que le monachisme témoigne au monde et aux hommes, les jugements puritains sur les hommes. Telle est la dialectique existentielle de la recherche de la pureté individuelle et personnelle.

C'est dans la société que l'humain est le plus difficile à défendre et à affirmer. Et, cependant, l'humain doit être la base de la société idéale recherchée. Nous devons lutter en faveur d'une société qui voie la valeur la plus haute dans l'homme, et non dans l'État ou dans la nation ou dans la société elle-même. On a gouverné et on continue à gouverner les masses humaines en leur distribuant du pain et en leur offrant des spectacles, de luxueuses cérémonies et fêtes religieuses, par l'hypnose et la propagande, mais surtout par le recours à des violences sanglantes. C'est là de l'humain, trop humain, mais dépourvu de toute humanité. Le mensonge joue un rôle énorme en politique, tandis que le rôle de la vérité y est insignifiant. C'est sur le mensonge qu'ont été édifiés des États, et c'est par le mensonge qu'ils ont péri. Et l'on entend souvent dire que sans le mensonge tout périrait dans ce monde, qui serait ainsi livré à la plus complète anarchie. Le machiavélisme, loin de refléter une orientation spéciale, propre à la politique de la Renaissance, constitue l'essence même d'une politique affranchie des restrictions morales et devenue autonome. Conservateurs et révolutionnaires pratiquent également le machiavélisme. Nous en sommes encore à attendre une révolution qui soit dirigée contre le pouvoir illimité de la politique, et cela au nom de l'homme et de l'humanité. L'homme ne doit pas tolérer des atteintes à sa dignité, il doit être toujours en révolte contre la violence et l'esclavage. Mais on ne saurait approuver tous les moyens auxquels les révolutions ont recours. Une révolution peut elle-même être une atteinte à la dignité humaine, user de violence et viser à l'asservissement des hommes. Ce sont seulement les vêtements qui changent, mais l'homme reste toujours le même. Et le triomphe de l'humanité se fait toujours attendre ; il exige une révolution plus profonde, une révolution spirituelle. On a trop souvent interprété le fardeau de la croix comme une soumission au mal, comme une résignation au mal. Ce fut là une des causes qui ont provoqué la révolte contre le christianisme. Mais dans le christianisme épuré l'humilité a un sens tout à fait différent. Elle signifie non une obéissance servile, mais une victoire spirituelle, intime, sur l'égocentrisme. Les hommes créent toujours des mythes, pour justifier leur égocentrisme. Ils créent le mythe de leur propre personne, de leurs ancêtres, de leur patrie, de leur rang dans l'État et de leur place dans la société, de leur parti, de leurs affaires, et tout cela dans le but de faire valoir leur situation. On peut dire que personne, ou à peu près, n'est exempt de cette manie mythogénique. On doit combattre la volonté de puissance en soi et chez les autres [1]. C'est dans les cas de ce genre que les actes d'humilité interne sont particulièrement indiqués, mais c'est justement dans ces cas qu'il y en a le moins. C'est la volonté de puissance qu'il faut humilier chez soi et chez les autres. La déification des hommes qui détiennent le pouvoir : commandants d'armées, chefs de toutes sortes, est un mensonge antichrétien, antihumain, un

---

1 Voir mon livre : *De la liberté et de l'esclavage de l'homme* (trad. franç. aux Editions Montaigne).

mensonge qui asservit l'homme. C'est un culte de la force, et non de la vérité. Le culte des saints a un sens tout autre et une signification spirituelle positive. Mais il peut, lui aussi, revêtir des formes fausses, idolâtriques. À la différence de la déification d'hommes qui détiennent le pouvoir ou la force, le culte rendu à des hommes véritablement grands, à des hommes de génie, à des créateurs, à des prophètes, à des apôtres, à des réformateurs, à des philosophes, à des savants, à des inventeurs, à des poètes, à des artistes, à des musiciens, etc. signifie l'expression de l'admiration qu'on éprouve devant la grandeur spirituelle et créatrice, toujours persécutée dans ce monde [1]. Rappelons-nous le sort du plus grand philosophe de l'Inde, de l'initiateur de la renaissance religieuse de son pays, de Shankara, qui fut excommunié comme un hérétique et dont on a même refusé d'enterrer la mère. Les hommes extraordinaires, les hommes de génie, s'ils sont, d'une part, solitaires, incompris, soustraits à l'influence de leur milieu ambiant et du temps, ne restent pas, d'autre part, enfermés en eux-mêmes, mais devancent leur époque en exprimant l'esprit du mouvement universel. Mais les efforts tendant à la formation d'une élite fermée et se suffisant à elle-même répondent à une idée fausse. Les hommes vraiment remarquables, les vrais créateurs agissent non pas en groupes, mais individuellement, sont reliés chacun pour son propre compte, individuellement, aux profondeurs de la vie de leur peuple. Les individualités les plus créatrices rompent le cercle asservissant de l'objectivation, pour s'élancer à la recherche d'une existence véritable. Poussée à ses dernières conséquences, l'objectivation aurait pour effet de transformer l'homme en fourmi et la société en fourmilière. L'objectivation repose sur des lois et des normes et ignore le mystère de l'individuel. S'il n'y avait que les lois, la vie humaine serait insupportable. Il faut qu'il y ait une sphère extra-légale, une sphère de l'individuel qui ne se répète jamais. Mais l'homme surmonte difficilement son penchant à l'objectivation, et c'est sur l'objectivation qu'ont reposé tous les royaumes du monde, toutes les religions païennes qui étaient des religions tribales ou des religions d'États-cités. L'humanité est en opposition avec l'objectivation. Elle est l'expression, non d'une socialisation, mais d'une spiritualisation de la vie humaine. La question sociale est avant tout une question

---

1 KARÉIEFF, dans *Les Héros et l'héroïque dans l'histoire*, confond ces deux genres d'admiration.

d'humanité. L'homme ne subit pas seulement l'influence du milieu social et cosmique, mais il projette aussi au dehors ses expériences intérieures. L'expressif vient des profondeurs, et c'est à lui qu'est due la communauté, la communion des hommes. L'homme doit être avant tout libre, et cela a un sens plus profond que de dire que l'homme a droit à la liberté. Avec des âmes d'esclaves, on n'arrivera jamais à former une société libre. La société comme telle est incapable de rendre l'homme libre, c'est l'homme qui doit rendre libre la société, parce qu'il est lui-même un être spirituel libre. On hésite entre les anciens régimes, régimes de totalitarisme, imposant aux hommes des croyances (siècle d'Auguste, siècle de Louis XIV), régimes de privation de liberté, de soumission de la personne à la société et à l'État, d'une part, et, d'autre part, la facilité des démocraties superficielles, des régimes libéraux à base d'incroyance et de scepticisme. La vérité est ailleurs : dans une société de travail créateur. L'homme est un créateur au sens non seulement cosmique, mais théogonique du mot. Mais la contradiction et le dédoublement traversent toute sa vie. Keyserling dit avec raison que la création est en même temps destruction, et que l'acceptation de la vie comporte l'acceptation de la mort. Par rapport au monde antique, le christianisme a beaucoup fait pour renforcer, développer et affiner la vie intérieure de l'homme, mais il a en même temps fait naître une grande inquiétude au sujet de la destinée de l'homme. Le moyen âge et les temps modernes nous en fournissent des témoignages incontestables. Aux siècles qui ont précédé l'époque moderne, le sentiment se dissimulait derrière toutes sortes de cérémonies, de symboles, d'ornements extérieurs. Mais il est devenu plus sincère au cours des XIXᵉ et XXᵉ siècles. La sensibilité de Rousseau, la mélancolie de Chateaubriand, de Senancour, d'Amiel furent une manifestation tout à fait nouvelle de l'âme européenne, et ce qui fut encore plus nouveau, ce sont la conception et l'attitude tragiques de Kierkegaard, de Dostoïewski, de Nietzsche.

L'humanité est inséparable de l'amour et de la pitié. L'homme *humain* est un homme qui aime et qui est capable de pitié. Il n'y a pas dans ce monde de principe qui soit supérieur à la pitié. Mais comme tout principe, la pitié ne peut pas se maintenir seule, à l'exclusion de tout autre principe : aussi est-elle associée au sentiment de la dignité et de la liberté. La pitié doit faire partie de l'amour-

Eros, faute de quoi cet amour devient démoniaque et destructeur. On a beaucoup discuté la question des rapports entre l'amour-Eros et l'amour-agapé, question qui se trouve posée d'une façon particulièrement tranchée dans le livre de M. Nygren [1]. L'Eros est un désir, une langueur, un sentiment d'insatisfaction ; aussi l'amour qui est propre aux dieux ne peut-il avoir rien de commun avec l'Eros, car les dieux ne manquant de rien, n'ont pas lieu d'être insatisfaits. Eros est égoïste. L'amour-Eros aime le divin dans l'homme, non l'homme lui-même. Tel est le cas du platonisme. Nygren se montre disposé à attribuer à l'Eros des qualités négatives. Mais l'amour-Eros ne peut pas ne pas faire partie de l'amour véritable, car ce qui caractérise l'amour, ce sont sa faculté de ravissement et son élan qui le portent en haut, vers les hauteurs divines. Or, ce qui limite l'Eros platonicien, c'est que par lui-même il est un amour ayant pour objet non pas l'homme, mais le divin, qu'il est l'amour du dieu que chaque homme porte en lui, et non de l'homme lui-même. De ce fait, l'Eros peut être considéré comme insuffisamment humain. Pour Nygren, l'agapé est l'amour créateur et, en même temps, un amour non motivé. Tel est l'amour propre à Dieu lui-même qui ne saurait éprouver l'amour-Eros. Mais, quoi qu'en dise Nygren, Dieu peut éprouver, lui aussi, une nostalgie de l'aimé, de l'amour réciproque. On ne comprend pas pourquoi l'amour-agapé serait absent chez l'homme, pourquoi et comment il devient le privilège de Dieu. Dans la réalité, l'amour-Eros et l'amour-agapé doivent toujours être unis. L'amour humain est plus compliqué que les schémas qui correspondent à ces deux types d'amour. L'amour-pitié, la compassion, la *caritas* ne coïncident ni avec l'Eros ni avec l'agapé, parce que c'est un amour ayant pour objet la créature dans son état d'abandon par Dieu. L'expérience de l'amour est l'expérience la plus bouleversante de l'homme, celle dans laquelle s'effectue une véritable transcendance du cercle immanent de ce monde. L'amour va à la personne et est un rapport de personne à personne [2]. L'amour est humain, lorsqu'il a pour objet non seulement le Dieu que l'homme porte en lui, non seulement en raison de ce qu'il y a dans l'homme de beau et de parfait, mais aussi lorsqu'il a pour objet

---

1 A. NYGREN : *Eros et Agapé.*

2 Sur les divers types d'amour, voir l'ouvrage du P. O. FLORENSKI : *Le pilier et l'affirmation de la Vérité* (en russe), et celui de Max SCHELER : *Nature et formes de la sympathie.*

l'homme en Dieu, un être individuel qui m'est cher, qui n'existe qu'à un exemplaire unique, et cela indépendamment de toute perfection dont il peut ou non être doté. L'amour doit être spiritualisé, pénétré d'un principe spirituel, mais, en même temps, il ne peut être uniquement spirituel, il doit être à la fois spirituel-psychique et spirituel-charnel. Il doit se rapporter nécessairement à l'individuel, à ce qui ne se répète jamais, à ce qui est unique. L'amour est à la fois divin et humain, et c'est seulement à cette condition qu'il peut être humain. L'amour triomphe de la mort et nous ouvre des perspectives d'immortalité. C'est dans l'expérience de l'amour que s'entr'ouvre pour nous le royaume de Dieu. Soyez humain, soyez pitoyable et charitable, soyez aimant, et vous verrez s'ouvrir devant vous le chemin de l'immortalité. La principale différence entre les hommes est celle qui existe entre ceux qui aiment et ont pitié et ceux qui n'aiment pas et sont sans pitié. C'est là la différence qui sépare les « bons » des « mauvais ». Mais non moins importante est la différence qui existe entre les hommes au vrai sens du mot, les hommes pour ainsi dire authentiquement hommes, et les hommes qui ne le sont pas au sens authentique du mot, entre les hommes véridiques et les non-véridiques.

L'humanisation affecte non seulement l'homme lui-même, en mettant en évidence son humanité, mais aussi les milieux naturel et social. L'humanisation s'étend également à l'idée de Dieu, ce qui équivaut à la libération d'un faux anthropomorphisme. Au risque de paraître énoncer un paradoxe, nous dirons que l'humanité est un cachet imprimé à l'homme non par l'anthropomorphisme, mais par le théomorphisme. C'est l'humanité qui est divine, et non l'homme. L'humanité implique une attitude intégrale à l'égard de l'homme et de la vie, et non seulement à l'égard du monde humain, mais aussi à l'égard du monde animal. L'humanité représente le déploiement de la nature créatrice de l'homme, c'est-à-dire le déploiement de toute la plénitude humaine. Cette nature créatrice de l'homme doit également trouver son expression dans les rapports d'homme à homme. On parle parfois de l'imminente apparition d'un homme nouveau. C'est là la terminologie chrétienne. Le christianisme a été l'annonce de l'apparition d'un nouvel Adam, d'une victoire sur l'ancien. L'homme doit se renouveler sans cesse, c'est-à-dire dévoiler la plénitude de son humanité. Contrairement à ce que pensaient Aristote, saint Thomas d'Aquin, Kant et, bien que sous une autre forme, les théologies dominantes, et, avec elles, beaucoup de philosophes rationalistes, il n'y a pas de nature humaine absolument invariable. L'homme varie, présente des progrès et régressions, sa conscience s'amplifie et s'approfondit, mais elle peut aussi se rétrécir et se projeter à la surface. La conscience peut subir des changements encore plus profonds, qui modifient complètement l'idée que l'homme avait du monde, la manière dont il se représentait le monde précédemment. La conception dynamique de l'homme est la seule qui corresponde à la réalité. Mais le dessein de Dieu concernant l'homme ne varie pas. Ce dessein est celui de l'éternelle humanité, de la plénitude de l'humanité. Contrairement à ce que pensent les théosophes et occultistes, l'homme ne sera jamais remplacé par un surhomme ou par esprit faisant partie d'autres hiérarchies. C'est dans son humanité que l'homme, en tant qu'homme, accédera à l'éternité ; il est appelé à vivre en Dieu, il va de l'éternité à l'éternité, en passant par le temps. L'homme nouveau sera une création propre à enrichir l'humain au cours de la réalisation de sa plénitude. Mais il pourra être aussi une trahison envers l'idée de l'homme, une déformation de cette idée, il pourra être, non un homme réalisant l'union de l'humain et du divin, mais un homme où l'humain sera associé à la bestialité, c'est-à-dire une négation de l'humain. L'homme nouveau pourra aussi se trouver entraîné vers l'abîme du non-être, prêt à céder à l'attraction du non-être [1]. L'homme moderne, las de l'Etre déchu et en voie de décomposition, se laisse séduire par le non-être. Au bord même de l'abîme du non-être, il veut éprouver sa dernière extase, tantôt l'extase de l'héroïsme au nom du néant, tantôt l'extase de la création ayant sa source dans son propre néant. Dans son génial élan créateur, Nietzsche, qui frôlait déjà l'abîme, loin d'avoir découvert l'homme nouveau, a abouti à la suppression de l'homme, à son remplacement par un être tout à fait différent, n'ayant rien d'humain. Les mouvements sociaux révolutionnaires peuvent également finir par la trahison envers l'humanité. C'est

---

1 Le nouveau courant philosophique qui s'affirme de nos jours en France (SARTRE : *L'Etre et le Néant* ; BATAILLE : *L'expérience intérieure* ; CAMUS : *Le mythe de Sisyphe*) est très caractéristique sous ce rapport. C'est un courant très complexe ; c'est ainsi que Sartre et Camus finissent par aboutir à des conclusions qu'on peut qualifier de néo-humanistes.

dans Dieu-Homme, Fils de Dieu et Fils de l'Homme, que commence le nouvel homme ; l'homme d'une humanité nouvelle et éternelle. D'après la terminologie traditionnelle, la théo-humanité correspond à l'union de la grâce et de la liberté. Cela constitue le point de départ d'une nouvelle éthique, opposée à la vieille éthique tribale, fondée sur l'idéalisation des vieux instincts de vengeance, de propriété, de jalousie, de résignation servile à la force et à la puissance, sur la fausse conception de l'honneur de classe et de caste, sur de fausses attitudes à l'égard des réalités collectives, sur la confusion entre la foi et le fanatisme et sur l'exclusivisme. L'éthique de l'humanité, l'éthique du personnalisme doit être fondée sur la conception de l'homme et de la personne comme d'une valeur suprême, sur la conception de l'unique individuel, et non sur le général impersonnel [1]. La nouvelle éthique de l'homme nouveau sera avant tout une éthique fondée sur la création, et non sur la loi, sur la création de l'homme et de l'humain, et non d'un être qui ne serait plus un homme. L'humanité est inséparable de la spiritualité.

Chapitre IX
LA SPIRITUALITÉ

La conquête de la spiritualité constitue la tâche principale de la vie humaine. Mais il faut entendre la spiritualité dans un sens différent de celui qu'on lui attribue ordinairement. L'homme a besoin de la spiritualité pour la lutte qu'il livre dans la vie. Seule la spiritualité rend possibles les grands sacrifices et les grands exploits. La joie que procure la lumière du soleil est une joie spirituelle. Le soleil lui-même est spirituel. La forme du corps humain, le visage humain sont pénétrés de spiritualité. Celui-là même qui, en raison de l'état dans lequel se trouve sa conscience superficielle ou par simple malentendu, se considère comme un matérialiste, peut, au fond, être pénétré de spiritualité. Cela est vrai de notre Tchernichevski [2], par exemple. Si une philosophie de la spiritualité devient possible, elle ne ressemblera en rien à ce spiritualisme abstrait et d'école qui

---

1 Mon livre sur la *Destination de l'homme* constitue un essai de construction d'une pareille éthique.
2 Critique, sociologue et révolutionnaire russe.

fut une des formes de la métaphysique naturaliste. L'esprit n'est pas une substance [1]. Il n'est pas seulement une réalité autre que celle du monde de la nature, mais une réalité dans un sens tout à fait différent. L'esprit est liberté et libre énergie intervenant par irruption dans le monde historique et dans celui de la nature. On ne saurait, certes, refuser une vérité relative au dualisme, sans lequel l'indépendance de la vie spirituelle serait incompréhensible. Mais ce dualisme n'est pas celui de l'esprit et de la matière, ou de l'esprit et du corps. Il est avant tout le dualisme de la liberté et de la nécessité. L'esprit est liberté, et non nature. L'esprit n'est pas partie constitutive de la nature humaine : il est la plus haute valeur qualitative. La qualité spirituelle et la valeur spirituelle, au lieu d'être déterminées par une nature quelconque, résultent de l'union de la liberté et de la grâce. L'esprit est révolutionnaire dans ses rapports avec le monde de la nature et de l'histoire ; venant d'un autre monde, il fait irruption dans ce monde-ci, dont il bouleverse l'ordre fondé sur la contrainte. Délivrance de l'esclavage, tel est la tâche fondamentale de la vie de ce monde. Mais les émancipateurs et libérateurs ont commis une erreur fatale, en admettant que la libération pouvait venir de la matière, de la nature. La liberté vient de l'esprit. Plus fatale encore fut l'erreur de ceux qui, tout en se posant en défenseurs de l'esprit, étaient persuadés que l'esprit, au lieu de se libérer, lie et soumet à l'autorité. Les uns et les autres avaient une fausse idée de l'esprit et préparaient la ruine de la spiritualité. L'esprit n'est pas seulement liberté, mais il est aussi *sens*, car le sens du monde est un sens spirituel. Lorsqu'on dit que le monde et la vie n'ont pas de sens, on reconnaît par là l'existence d'un sens qui est au-dessus de la vie et du monde, c'est-à-dire que pour déclarer que la vie du monde n'a pas de sens, on se place au point de vue de l'esprit. Jaspers dit avec raison que l'esprit occupe une place paradoxale entre des choses contradictoires. L'esprit et la spiritualité réélaborent, transforment, transfigurent le monde de la nature et de l'histoire, en y apportant la liberté, en lui conférant un sens. Il se produit une objectivation de l'esprit qu'on considère comme une incarnation et une réalisation. Mais l'esprit objectivé est un esprit devenu étranger à lui-même, ayant perdu son ardeur, sa force et sa jeunesse créatrices, un esprit adapté au monde du quotidien et au niveau

---

1 Voir mon livre : *Esprit et réalité*.

moyen [1]. Contrairement à ce que prétend Hegel, il ne saurait être question d'esprit objectif. Il n'existe qu'un esprit subjectif ou, plutôt, un esprit qui est au delà du subjectif et de l'objectif. « Spiritualité objective », l'association de ces deux mots constitue un non-sens. La spiritualité est toujours « subjective », réfractaire à l'objectivation. L'esprit objectivé est un esprit tari et ossifié. La spiritualité est en dehors du monde phénoménal objectivé ; loin d'émaner de ce monde, c'est elle qui y fait irruption. Hegel avait tort de croire au développement progressif de l'esprit et de la spiritualité au cours de l'histoire. Ce n'est pas comme résultant du développement progressif de l'esprit au cours de l'histoire que se présentent à nous les sommets de la spiritualité dans le monde.

Atteindre à la spiritualité, c'est se libérer du pouvoir du milieu social et naturel, ce qui équivaut, pourrait-on dire, à l'irruption du nouménal dans les phénomènes. L'accroissement de la spiritualité dans l'homme n'est pas l'effet d'une évolution s'effectuant conformément à certaines lois. Là où agit la liberté, il n'y a pas de processus nécessaire, et la création est exclusive de l'évolution, au sens naturaliste du mot. La spiritualité est un problème qui se pose à l'homme et de la solution duquel dépend son attitude à l'égard de la vie. Et le paradoxe consiste en ce que c'est d'une force spirituelle immanente à l'homme lui-même que dépend l'accroissement de sa spiritualité, autrement dit que cet accroissement ne peut être que le résultat de ses états spirituels. L'inférieur ne donne jamais naissance au supérieur ; mais il faut qu'il en contienne l'ébauche, qu'il le renferme à l'état potentiel. Le développement spirituel est une actualisation du possible. Même des expériences de la vie qui, en apparence, ne comportent rien de spirituel peuvent éveiller les forces spirituelles de l'homme : tel peut être l'effet d'une maladie, de la misère, d'une injustice, d'une trahison. Mais le fait est que la force spirituelle permet d'affirmer qu'elle existait déjà précédemment à l'état caché, latent. La liberté qui s'oppose à la nature est toujours esprit. L'erreur de la théorie naturaliste de l'évolution consistait en ce qu'elle croyait l'inférieur capable d'engendrer le supérieur, le matériel capable de créer le spirituel. Originellement, la force spirituelle de l'homme n'est pas seulement humaine, mais à la fois humaine et divine. La spiritualité est un état dans lequel l'hu-

---

1 C'est une idée que je développe dans un livre qui doit bientôt paraître en plusieurs langues et ayant pour titre : *Création et objectivation.*

main et le divin se trouvent unis. Dans les profondeurs de sa spiritualité l'homme se trouve en contact avec le divin, et c'est de la source du divin qu'il reçoit un appui. Contrairement à ce que pensaient Hegel et beaucoup d'autres avec lui, l'histoire spirituelle du monde n'est pas soumise à une évolution nécessaire. L'histoire du monde nous présente une objectivation de l'esprit. Mais l'objectivation de l'esprit équivaut à sa diminution. L'objectivation s'oppose à la transcendance, c'est-à-dire au mouvement vers Dieu. Mais ce serait une erreur de voir dans le processus d'objectivation de la spiritualité, telle qu'elle se traduit dans l'évolution de la civilisation, un processus purement négatif. Dans les conditions de ce monde phénoménal le processus en question a également une signification positive. Il a pour effet le refoulement de la nature animale, sauvage, barbare de l'homme, l'épanouissement de sa conscience. Mais c'est là un processus tout à fait élémentaire et qui ne permet pas d'atteindre les sommets de la spiritualité. Il nous est d'ailleurs impossible de savoir exactement où se manifeste la vraie spiritualité, car elle peut également se manifester ailleurs que sur les sommets de la civilisation. Il importe aussi de savoir que la spiritualité ne s'oppose pas au corps et à l'âme, mais qu'elle s'en empare et les transfigure. C'est que l'esprit est avant tout une force de libération et de transfiguration. L'homme doué d'une forte spiritualité n'est pas du tout un homme retiré de la vie du monde et de l'histoire. Il se montre, au contraire, actif au sein même de la vie du monde et de l'histoire, mais il s'est affranchi du pouvoir de cette vie et s'applique à la transformer. Une spiritualité qui se détourne du monde pluraliste, comme le font certaines formes de spiritualité, celles de l'Inde, de Plotin, de l'ascèse monastique, ne peut être considérée comme chrétienne, parce qu'elle est en opposition avec le caractère à la fois divin et humain du christianisme et avec l'amour du prochain prêché par le Christ. La spiritualité chrétienne n'est pas seulement une ascension, mais aussi une descente, et seule cette spiritualité, à la fois ascendante et descendante, est humaine. Il y a aussi une spiritualité inhumaine, hostile à l'homme, et des déviations de ce genre ont été souvent observées. L'homme doit assumer la responsabilité non seulement de sa propre destinée et de celle de ses proches, mais aussi de celle de son peuple, de l'humanité et du monde. Il lui est interdit de s'isoler de son peuple et du monde pour se retirer sur d'inaccessibles sommets spirituels. Le danger de l'orgueil nous guette sur le chemin qui mène à la spiritualité, et les avertissements à ce sujet n'ont pas manqué. Ce danger est, lui aussi, la conséquence de la rupture du lien qui unit l'humain au divin. Un exemple de cet orgueil nous est offert par les brahmanes qui se prétendent surhommes. Il est propre également à certaines formes de l'occultisme. Ce qu'il faut chercher à acquérir, c'est la spiritualité humaine qui soit en même temps divine. Il y a plusieurs types de spiritualité : il y a la spiritualité chrétienne et la spiritualité extra-chrétienne, et au sein du christianisme il y a plusieurs types de spiritualité, comme, par exemple, la spiritualité orthodoxe et la spiritualité catholique [1]. Mais il y a aussi des éléments qui forment la base universelle et éternelle de la spiritualité. Celle des Hindous est une spiritualité très profonde. Entre les mystiques de tous les temps et de tous les peuples il existe comme un accord qui leur permet de communiquer les uns avec les autres et de se comprendre les uns les autres. La prière a une signification éternelle. En quoi consiste la prière ? Elle répond au besoin qu'éprouve l'homme de se sentir comme n'étant pas sous la dépendance totale de la nécessité qui règne dans le monde, des forces fatales de ce monde [2]. La prière est une conversation avec un Etre qui s'élève au-dessus des choses de ce monde, au-dessus de l'injustice dans laquelle le monde est plongé. La spiritualité chrétienne diffère de la spiritualité non-chrétienne par son affirmation constante de la personne, de la liberté et de l'amour. Il faut considérer comme non-chrétienne toute spiritualité qui n'affirme pas l'unicité de la personne, la liberté de l'homme et l'amour de l'homme. Toute spiritualité qu'on peut considérer comme moniste, parce que niant l'indépendance de la personne humaine, est extra-chrétienne. La spiritualité de l'Inde, très élevée sous certains rapports, est une spiritualité froide en comparaison de la chrétienne, et cela justement à cause de son caractère panthéiste qui comporte la négation métaphysique du principe de la personne. Dans ses commentaires à Bhagavat Ghita, Aurobindo dit que le sage a la même bienveillance pour tous, il est indifférent à tout, il n'a pas de désirs, il nie la différence entre le bonheur et le malheur [3]. Ces conceptions ont égale-

---

1 Voir mon livre : *Esprit et Réalité*.
2 Voir Fr. HEILER : *Das Gebet*.
3 Voir le livre déjà cité : *La Bhagavad Gîtâ, interprétée par Shri Aurobindo*.

ment pénétré dans la spiritualité chrétienne, surtout dans la spiritualité ascétique syrienne, où elles ont trouvé leur résumé dans la *Philokalia*. Ce détachement du monde pluraliste caractérise également la mystique de Plotin et du néoplatonisme. Mais la spiritualité véritablement chrétienne est une spiritualité christologique, c'est-à-dire humaine et divine à la fois, une spiritualité qui ne fait pas disparaître l'homme dans l'identité et l'unité indifférentes. Cette spiritualité, à la fois divine et humaine, peut bien avoir pour point de départ la conscience de la nature pécheresse et de l'indignité de l'homme plongé dans les éléments du monde, mais elle doit finir par affirmer sa dignité comme étant celle d'un être semblable à Dieu et prédestiné à l'éternité. Le sentiment amer que nous éprouvons devant la bassesse de l'homme ne doit pas dissimuler à nos yeux la hauteur à laquelle il est destiné. La spiritualité chrétienne n'est pas un désintéressement froid, mais elle est ardente. Si elle comporte le détachement du monde, la libération de ses éléments, elle exige aussi que l'homme partage les destinées du monde, de l'humanité et de toutes les créatures qui souffrent. La spiritualité doit transfigurer, et non étouffer la nature passionnelle de l'homme. Le christianisme délivre l'homme des esprits élémentaires de la nature et affirme ainsi l'indépendance et la liberté de l'homme et de l'esprit. Mais cela ne signifie nullement qu'il cherche à rendre l'homme indifférent au monde et aux hommes. Le christianisme repose sur le commandement de l'amour de Dieu et du prochain, et c'est en cela que consiste son caractère humain, c'est-à-dire à la fois humain et divin. Rien n'est plus opposé à l'indifférence pour le monde de la multiplicité. L'amour du prochain est en même temps amour du monde multiple. S'adresser à l'Unique ne signifie nullement qu'on doive se détourner du multiple, de ce qui est individuel dans le monde. Mais, à l'exemple de tout dans ce monde, la spiritualité s'objective, assume un caractère formel et légaliste, se refroidit, s'adapte à la quotidienneté sociale et au niveau de l'homme moyen. Ce qui frappe dans la vie dite spirituelle des églises et confessions officielles, c'est justement son caractère non spirituel. On a réussi à élaborer une spiritualité conventionnelle, à base de signes et de rhétorique, qui a fait prendre le christianisme en dégoût. Le fait que la spiritualité était primitivement attachée au mythe présente déjà une signification plus profonde. Tout mythe plus ou moins important est relié à une réalité, mais ce lien peut se relâcher, et la soif de vérité et de sincérité dans la vie spirituelle peut exiger la séparation entre la spiritualité et le mythe. Ce qui marquera le passage du symbolisme au réalisme, au réalisme mystique.

Le moi profond de l'homme est inséparable de la spiritualité. L'esprit est un principe de synthèse, qui maintient l'unité de la personne. L'homme doit sans cesse accomplir des actes créateurs par rapport à lui-même. Ce sont ces actes créateurs qui président à l'auto-réalisation de la personne. Par ces actes, l'homme lutte sans cesse contre la multiplicité de ses faux « moi ». Dans l'homme se meut le chaos, il est lié au chaos que dissimule le cosmos. C'est de ce chaos qu'émergent des « moi » illusoires et faux. Chaque passion qui s'empare de l'homme peut faire naître un « moi » qui n'est pas le « moi » véritable, qui est ce que Freud appelle *Es*. Au cours de la lutte pour la personne, pour le « moi » authentique et profond, s'effectue un processus de désintégration, danger qui guette toujours l'homme, et un processus de synthèse, d'intégration. L'homme a davantage besoin de psychosynthèse que de psychanalyse qui, lorsqu'elle est seule, peut avoir pour effet une décomposition, une désintégration de la personne. C'est la spiritualité venant des profondeurs qui est la force à laquelle la personne doit sa formation et son maintien. Le sang, l'hérédité, la race n'ont, comme l'individu biologique en général, qu'une signification phénoménale. L'esprit, la liberté, la personne ont, au contraire, une importance nouménale. Les sociologues prétendent que la personne humaine se forme sous l'influence de la société, des rapports sociaux, que la société organisée est la source de la plus haute moralité. Mais les influences extérieures que l'homme subit exigent une adaptation à la quotidienneté sociale, aux besoins de l'État, de la nation, aux mœurs régnantes. L'homme se trouve ainsi transporté dans l'atmosphère du mensonge utile, du mensonge qui assure la conservation et la sécurité. Mais le pathos de la vérité et de la sincérité crée un conflit entre l'homme et la société. Ce qu'il y a de plus important et de plus significatif dans l'homme provient, non des influences extérieures, du milieu social, bref, non pas du dehors, mais du dedans. Le primat de la société, la domination de la société a pour effet la transformation de la religion en arme de tribu et d'État et la négation de la liberté de l'esprit. La religion romaine était fondée sur des sentiments sociaux très forts, mais au point de vue spirituel elle occupait un niveau assez bas. Le christianisme historique a été vicié par des influences et des adaptations sociales. Le dressage social a rendu l'homme indifférent à la vérité. Tout système de monisme social est hostile à la liberté de l'esprit. Le conflit entre l'esprit et la société organisée et légaliste est éternel. Mais ce serait se tromper que d'interpréter ce conflit comme ayant pour but le triomphe de l'individualisme et de l'esprit asocial. Insistons, au contraire, sur le fait qu'il existe une sociabilité interne, que l'homme est un être social et qu'il ne peut se réaliser pleinement que dans la société. Mais une société meilleure, plus juste, plus humaine ne peut être fondée que sur la sociabilité spirituelle de l'homme, avec des éléments provenant de sa source existentielle, et non de l'objectivation. Au point de vue métaphysique, une société déifiée est un principe réactionnaire. Il est possible pour la spiritualité de pénétrer dans la vie sociale, et tout ce qu'il y a de meilleur dans celle-ci provient de cette source. La spiritualité apporte avec elle la libération, elle apporte l'humanité, tandis que la prédominance de la société objective est un esclavage. Il faut complètement renoncer à la fausse théorie qui avait été en vigueur dans la deuxième moitié du XIXe siècle et d'après laquelle l'homme serait créé pour le milieu social. Au contraire, c'est le milieu social qui existe pour l'homme. Cela ne veut pas dire que le milieu social soit sans action sur l'homme : au contraire, cette action existe, et elle est même très forte. Mais un milieu social fondé sur l'esclavage et qui transforme l'homme en esclave est lui-même une création d'âmes serviles. Si Dieu n'existe pas, je suis l'esclave du monde. L'existence de Dieu est une garantie de mon indépendance par rapport au monde, à la société, à l'État. D'après Dostoïevski, c'est par orgueil que l'homme croirait parfois en Dieu. Le sens de cette idée, en apparence paradoxale, est que l'homme ne consent pas à s'incliner devant le monde, la société et les hommes, qu'il ne consent à s'incliner que devant Dieu qui est la seule source de son indépendance et de sa liberté en face des puissances du monde. Le bon orgueil consiste à ne vouloir s'incliner devant rien et devant personne, en dehors de Dieu. La spiritualité, qui est toujours inséparable de Dieu, signifie la possession d'une force intérieure qui rend l'homme capable de résister au pouvoir que le monde et la société font peser sur lui. Il est absurde de croire que l'existence de Dieu est une cause de ma pauvreté, parce que l'existence de Dieu comporterait l'aliénation de ce qui constitue ma richesse propre (Feuerbach). Non : l'existence de Dieu est pour moi une source de richesses indénombrables. Je ne suis très pauvre que pour autant que j'existe seul, qu'il n'y a rien qui soit au-dessus de moi. Et le monde entier serait pauvre et terne, s'il devait se suffire à lui-même, s'il ne renfermait pas un mystère.

En plus de la spiritualité dont parlent les livres mystiques qui décrivent le chemin suivi par l'âme pour parvenir à Dieu, il y a une spiritualité tout à fait différente, qu'on peut appeler prophétique. Le prophétisme est une inspiration venue de Dieu ; par lui, c'est une voix intérieure, la voix de Dieu qui parle des destinées du monde, de l'humanité et du peuple, des choses à venir. L'homme d'inspiration prophétique est solitaire, souvent lapidé par le peuple même qu'il sert, mais il est spirituellement social, spirituellement tourné vers la société. Le chemin que suit l'inspiration prophétique n'est pas celui de l'ascension méthodique, mais celui d'une illumination intérieure. La spiritualité prophétique diffère radicalement de la spiritualité mystique des écoles mystiques de l'Inde et de la Grèce. C'est une spiritualité d'un type propre à l'ancien Israël, mais aussi à l'iranisme et au christianisme. Mais ce dernier réunit les deux types de spiritualité. La spiritualité se rattache soit à l'eschatologie individuelle, soit à celle de l'histoire universelle. Primitivement, le christianisme avait reçu en héritage le messianisme de l'ancien Israël, qui se rapportait aux destinées historiques, et la mystique grecque qui cherchait, dans ses mystères, à conquérir l'immortalité individuelle. Aussi constatons-nous que la doctrine chrétienne, relative à l'immortalité, présente deux couches superposées (immortalité de l'âme individuelle et résurrection des corps) dont il est difficile de réaliser l'unité. Mais la spiritualité est toujours une préparation à l'immortalité et un gage de celle-ci. La structure naturelle de l'homme n'est pas immortelle par elle-même, mais elle le devient, lorsque l'esprit, le principe par lequel se trouve réalisée l'union du divin et de l'humain, s'est emparé de l'homme. L'amour est la principale force spirituelle qui délivre de la mort et procure l'immortalité, il est plus fort que la mort. L'amour fait partie de la personne et exige l'immortalité pour la personne. Dans le livre que nous avons déjà cité, Nygren voit l'essence du christianisme dans l'agapé qu'il rattache au collectif, c'est-à-dire à l'Église. Dans l'Eros, c'est l'homme qui s'élève à Dieu, tandis que dans l'Agapé c'est Dieu qui descend jusqu'à l'homme. Dieu aime, parce qu'il aime, et non en raison de telles ou telles qualités de l'aimé. C'est ce qui caractérise justement l'amour humain. Mais il est impossible de faire rentrer l'amour, qui est un des phénomènes les plus mystérieux de la vie du monde, dans les cadres de l' « Eros » et de l' « Agapé ». D'après Nygren, la mystique et la gnose sont sous le signe de l'Eros et, pour cette raison, niés. La spiritualité, sous toutes ses formes, est une lutte ayant l'éternité pour enjeu. L'humanité véritable exige cette lutte, la mort étant le principe le plus inhumain. Dans la terminologie chrétienne, spiritualité signifie affirmation du Saint-Esprit dans le monde et dans l'homme. Mais le Saint-Esprit ne se révèle pas encore complètement, ne se répand pas tout entier dans la vie du monde. Il y a possibilité d'une nouvelle spiritualité, d'une spiritualité à la fois divine et humaine, grâce à laquelle les forces créatrices de l'homme se manifesteront comme elles ne se sont encore jamais manifestées jusqu'à ce jour. Ce qui caractérisera le plus cette nouvelle spiritualité, ce seront l'activité créatrice, la liberté, l'amour. Elle sera une réponse aux souffrances du monde, aux souffrances incessantes de l'homme. La vieille spiritualité ne s'est pas montrée capable de donner cette réponse. Mais l'épaississement des ténèbres précède toujours et nécessairement l'apparition de la lumière. Un affaiblissement apparent de la spiritualité peut bien préciser sa nouvelle intensification. Avant que se soit effectuée l'union du divin et de l'humain, on assistera encore à des explosions de l'inhumain, suites de la rupture entre l'homme et Dieu. La dialectique existentielle du divin et de l'humain n'a pas encore atteint son terme, mais elle touche parfois au terme et à la limite, de sorte que l'homme se trouve placé devant un abîme. L'attente de la nouvelle spiritualité est l'attente d'une nouvelle révélation du Saint-Esprit dans et par l'homme. Ce ne peut être une attente passive, mais un état actif de l'homme. Si l'homme était condamné à attendre, tremblant et passif, que les événements viennent d'en haut, la spiritualité ne serait pas humaine en même temps que divine, l'humanité divine serait impossible. Le paraclétisme s'est manifesté plus d'une fois dans l'histoire du christianisme, mais les temps n'étaient pas encore venus. Il y a tout lieu de croire que ces temps sont proches.

Chapitre X
LA BEAUTÉ

La beauté, loin d'être un aspect particulier de l'existence, constitue la caractéristique de l'état qualificatif le plus élevé de l'être. On peut dire que la beauté est une catégorie non seulement esthétique, mais métaphysique. S'il est quelque chose que l'homme perçoive d'une façon intégrale, c'est bien la beauté. Nous parlons d'une belle âme, d'une belle vie, d'une belle action, etc. En le disant, nous n'énonçons pas seulement un jugement esthétique, mais un jugement intégral. Tout ce qui est harmonieux dans la vie ressortit à la beauté. Il y a une beauté dans tout accord, dans toute correspondance des choses. La Beauté est le but final de la vie de l'homme et du monde. Le Bien est un moyen, un chemin, et il est né par opposition au Mal (connaissance du Bien et du Mal). La Beauté est au delà de la connaissance du Bien et du Mal. Quant au Bien, il ne se trouve au delà de la connaissance du Bien et du Mal que lorsque le Mal est déjà oublié, et c'est alors qu'on est en présence de la Beauté.

La perversion morale, propre au Mal, est étrangère à la Beauté. La beauté du Mal est une illusion et un mensonge. Le Royaume de Dieu ne peut être conçu que comme le règne de la Beauté. La transfiguration du monde est une manifestation de beauté, et toute beauté qui existe dans le monde est ou une réminiscence du paradis ou une prophétie annonçant l'avènement d'un monde transfiguré. Toute expérience d'un état harmonieux est une expérience de beauté. La Beauté est l'idéal suprême d'où toute disharmonie, toute perversion, toute bassesse sont exclues. Il importe de distinguer nettement entre la beauté et la joliesse. Le joli est une fausse beauté, une beauté trompeuse, une beauté propre au monde phénoménal, tandis que la vraie beauté contient un principe nouménal. Mais la beauté a sa dialectique à elle, et c'est Dostoïevski qui en parle dans des termes excellents. Il croyait que la beauté sauvera le monde. Mais il dit encore : « La beauté est une chose non seulement terrible, mais mystérieuse. C'est le diable qui lutte avec Dieu, et c'est le cœur humain qui est le champ de bataille. » Comment interpréter ces paroles ? Ne pourrait-on pas dire que la Beauté marque une interruption de la lutte et comme une initiation au monde divin ? Mais la Beauté se crée et s'épanouit dans un monde obscurci, engagé dans une lutte passionnée. Et dans l'âme humaine elle peut également être entraînée dans une lutte entre des principes opposés. Une tragédie peut comporter la plus grande beauté, et Dostoïevski lui-même était un écrivain tragique. Ce n'est pas une vie harmonieuse que nous présente une tragédie, mais un conflit entre des principes opposés. Mais d'après la théorie de la catharsis aristotélicienne, c'est par la tragédie que nous éprouvons l'expérience de la beauté. La beauté tragique est la plus profonde de toutes les formes de beauté, elle rayonne d'une lumière divine. Une beauté extérieurement harmonieuse peut être fausse et trompeuse, servir de masque à la laideur. Comme tout principe séparé de la source de la lumière, la beauté peut se transformer en son contraire. Aussi peut-on dire qu'elle est à la fois harmonie et repos après une lutte douloureuse, comme elle peut servir de « champ de bataille » aux luttes qui mettent aux prises Dieu et le diable. Le diable veut se servir de la beauté pour ses propres fins. La beauté, celle de la nature et celle créée par l'art, apporte une grande joie dans notre vie. Les jugements purement esthétiques ne comportent pas cet élément de douleur qui existe dans les jugements moraux. Et c'est peut-être pour cette raison que le diable voudrait se servir de la beauté pour ses propres fins. La beauté peut devenir démoniaque, non en raison de sa nature, non en raison de ce qu'elle *est*, mais comme moyen de lutte entre des forces radicalement opposées. La beauté peut être trompeuse, comme l'est celle de certaines femmes, de certaines œuvres d'art. Le principe démoniaque n'est inhérent ni à la beauté ni à la création, mais aux dispositions et à l'orientation intérieures de l'homme. On parle volontiers du principe démoniaque de certaines créations de Léonard de Vinci, de son *Saint-Jean-Baptiste*, de sa *Gioconde*, par exemple. Mais le démoniaque, qui était peut-être inhérent à Léonard lui-même, s'est consumé dans ses créations qui furent autant d'actes de transfiguration et de réalisation. L'esthétisme qui ne reconnaît que les valeurs esthétiques et les substitue à toutes les autres, à la

Vérité et au Bien par exemple, constitue un terrain favorable aux déviations démoniaques. Mais les grands créateurs n'ont jamais été des esthètes. L'esthétisme n'est pas un état de création, mais un état de passivité. L'esthète se laisse déborder par les choses, il vit dans un monde non primaire, mais secondaire. Il ne recherche jamais la vérité, il ne l'aime pas, comme on n'aime pas un souvenir désagréable. Les déviations démoniaques qui naissent sur ce terrain n'ont aucune profondeur. Je suis toutefois disposé à croire que les esthètes n'aiment même pas la beauté, car ils n'éprouvent aucune attraction vers des hauteurs divines. En faussant tous les jugements, l'esthétisme a produit dans la vie sociale les effets les plus nocifs. Nous en avons la preuve dans les conceptions de Nietzsche et de Léontiev. Combattre la nécessité d'une plus grande justice dans la vie sociale, pour la seule raison qu'il y avait plus de beauté dans les injustes régimes sociaux du passé, est une attitude inadmissible. L'esthétisme historique et le romantisme de Léontiev ne sont que mensonge et fausseté.

La perception intuitive de la beauté de la nature, de l'homme, d'une œuvre d'art est une victoire créatrice sur le chaos, la décomposition, la laideur. La perception de la beauté, c'est la pénétration au delà de la laide écorce qui recouvre le monde. Demander, comme cela se fait dans les livres d'esthétique, si la beauté est subjective ou objective, c'est mal poser la question. En disant que la beauté n'est pas objective, mais subjective, on entend par là qu'elle n'est qu'une illusion subjective, dépendant de l'état subjectif de l'homme. Il est également inexact de dire que la beauté est objective. Mais dire que la beauté est subjective, c'est tout de même affirmer sa réalité, car la réalité est dans la subjectivité, dans la vie originelle encore pleine d'ardeur, et non dans l'objectivité dans laquelle la flamme de la vie est déjà refroidie. Ceci nous met en présence d'une question très complexe, qui est celle des rapports entre l'acte créateur et l'objectivation ou aliénation [1]. Peut-on dire que la réalisation de chaque acte créateur soit une objectivation ? Que la beauté issue des forces créatrices de la nature et de celles de l'homme soit nécessairement une beauté « classique », « objective » ? De la réponse à ces questions dépend l'issue du débat entre le classicisme et le romantisme. Le classicisme est fondé sur le postulat de la perfection objective

---

1 Voir mon livre : *Création et objectivation.*

des œuvres créées par l'homme. Mais les produits de la nature peuvent également posséder une perfection classique, comme, d'autre part, la nature peut aussi être romantique. Il suffit, pour s'en convaincre, de lire les romans de Walter Scott. L'objectivité classique est la perfection réalisée dans le fini, elle est comme une victoire remportée sur l'Infini amorphe. Ce n'est pas par hasard que les Grecs associaient la perfection au fini et redoutaient l'Infini comme chaotique. Or le romantisme qui, à vrai dire, ne se manifeste qu'au cours de la période chrétienne de l'histoire, ne croit pas à la possibilité d'obtenir la perfection dans le Fini, parce que toutes ses aspirations n'ont que l'Infini pour but et pour objet. Le classique est un principe aussi éternel que le romantique. La création humaine ne peut pas ne pas aspirer à la perfection de la forme, de même qu'elle ne peut pas se contenter de ce qui est fini, enfermé dans ce monde. Le nouménal, qui est la source de la création, doit toujours dépasser les limites du phénoménal, le fini se briser contre l'Infini. Les rapports entre la forme et le contenu infini de la vie sont paradoxaux et contradictoires. Il n'y a pas de beauté sans forme, l'informe est laid et peut être monstrueux. La force créatrice de la vie doit recevoir une forme. Mais la forme peut durcir, s'ossifier, éteindre la flamme créatrice de la vie, refroidir et étouffer l'élan qui a donné naissance à l'œuvre. C'est alors que la flamme créatrice doit être ranimée, pour que soient brisées les formes devenues rigides, pour que soit ouvert l'accès au contenu infini [1]. C'est là une lutte éternelle qui ne peut se terminer dans les limites de ce monde-ci. La beauté est inséparable de la forme, mais elle est également inséparable de la force créatrice de la vie, de l'aspiration à l'Infini. Pour nous servir de la terminologie de Nietzsche, nous dirons qu'Apollon et Dionysos représentent deux éternels principes qui ne vont jamais l'un sans l'autre. L'éternel principe de la forme et l'éternel principe de la force infinie doivent être fondus ensemble, n'en former qu'un. S'il est vrai, ainsi que le dit Viatcheslav Ivanov, que Dionysos par lui-même est dépourvu de beauté, il est également vrai que sans Dionysos c'est Apollon qui serait dépourvu de beauté. Les mêmes forces manifestent leur action dans la vie cosmique. Mais la beauté comme telle n'est jamais une objectivité envers laquelle on ne pourrait avoir qu'une attitude passive.

1 On trouvera sur ces questions des idées intéressantes dans G. SIMMEL : *Lebensanschauung.*

La beauté, alors même qu'on ne fait que la contempler, exige de la part du sujet une activité créatrice. Loin d'être une objectivité, la beauté est une transfiguration, et seule la transfiguration créatrice donne lieu à des réalités. L'art vraiment grand n'a jamais pu être uniquement classique ni uniquement romantique, n'a jamais pu prendre part à la lutte de tendances ni être pleinement objectivé, car il a toujours pour source la vie éternelle. Tout en se donnant des formes, le grand art ne s'est jamais perdu dans le formalisme pur et simple, car à ses formes correspondait toujours un contenu infini, une aspiration à l'Infini. Il en fut ainsi chez Gœthe, Tolstoï, Dostoïevski, Sophocle, Beethoven, Rembrandt, Michel-Ange, etc. La beauté du visage humain doit également avoir une forme, sans laquelle il ne serait pas beau, mais cette forme doit refléter l'aspiration à la vie infinie, sans quoi la beauté serait une beauté morte. De même, la beauté de la nature doit refléter la vie, au lieu d'être une forme pure et simple. Benedetto Croce a raison de dire que l'art est lié à l'expression [1]. Non seulement il existe dans l'art une orientation qu'on appelle expressionniste, mais tout art et toute beauté doivent être expressionnistes. L'art exprime la vie infinie sous une forme finie.

Il y a eu dans l'art un courant symboliste ; il appartient déjà au passé. Mais l'art comporte un symbolisme éternel. Ce qui serait d'un réalisme authentique, c'est un art qui serait capable de transfigurer la vie de l'homme et du monde. Mais l'art ne donne que des *signes* faisant pressentir cette transfiguration. Le sens de l'art consiste justement à donner une représentation anticipée de la transfiguration du monde. L'art est plein de symboles d'un autre monde. Toute beauté qui est réalisée est un commencement de transfiguration du monde. Mais cette transfiguration n'est pas atteinte dans les limites mêmes de l'art. L'art peut dépasser les limites qui lui sont imposées comme à une sphère de culture particulière. C'est ainsi que la littérature russe du XIXe siècle a, dans ses productions les plus hautes, dépassé les limites de l'art, pour passer de la création d'œuvres parfaites à la création d'une vie parfaite.

R. Wagner voulait, par l'union synthétique de la musique et de la poésie, transfigurer la vie tout entière. Les symbolistes voulaient, en dépassant les limites de l'art, atteindre ce qui est supérieur à

---

1 Benedetto CROCE : *Esthétique comme science de l'expression.*

l'art, mais n'y ont pas toujours réussi. En outre, le sentiment symbolique de la vie pouvait inciter à des exagérations démesurées
d'événements tout à fait insignifiants de la vie personnelle de
chaque auteur, comme ce fut, par exemple, le cas de poètes russes,
tels que Block, Biéley, etc., et conduire à une fausse élévation et à
la perte du sentiment du réel. Mais il y avait aussi dans le symbolisme un élément important et significatif. Insatisfait du caractère
fini de l'art classique et de la tendance à lui assigner des limites à
l'intérieur de la culture et à le considérer comme une sphère particulière de celle-ci, le romantisme s'est souvent montré incapable
d'atteindre ce qu'il recherchait. Mais il y a un art qui exerce l'action
la plus profonde sur l'âme humaine et qui est, par sa nature, plutôt romantique que classique : c'est la musique. La musique est un
art dynamique, un art en mouvement, un art se déroulant dans
le temps, et non dans l'espace, un art qui n'a pas la forme achevée
des arts plastiques et qui agit le plus sur l'émotivité de l'homme,
met en mouvement son âme. On distingue, il est vrai, une musique classique et une musique romantique, mais c'est là une distinction tout à fait conventionnelle. La musique la plus classique
est celle de Bach qui cherche à exprimer l'harmonie des sphères
célestes, plutôt que la tragédie de l'homme, comme le fait la musique de Beethoven. Mais même la musique de Bach nous transporte de ce monde dans un autre et ne réalise pas dans ce monde
la perfection de la forme qui caractérise les arts plastiques. Ce n'est
pas par l'effet du hasard que l'essor de la musique coïncide avec
la période chrétienne de l'histoire, avec l'aspiration chrétienne à
l'au-delà, au transcendant. L'art le plus caractéristique de la Grèce
est la sculpture. Mais déjà la peinture est un art plus compliqué
que la sculpture. Quant à la littérature, sa forme la plus compliquée
et la moins pure est représentée par le roman, genre très caractéristique de l'état d'âme des hommes du XIXe siècle. Cette forme
correspond moins à la recherche de la beauté qu'à celle de la vérité.
Ce fut là certainement une conquête, mais qui eut pour corollaire
l'effacement de l'idéal de la beauté, l'art ayant commencé à se dé-
tacher peu à peu de cet idéal. Les ouvrages d'esthétique ont cessé
de maintenir le lien entre la réceptivité et l'émotivité esthétique,
d'une part, la beauté de l'autre. Il en résulta une profonde crise de
l'art, dont nous avons des manifestations dans des courants tels

que le futurisme, le cubisme, le surréalisme, etc. La poésie, l'art cessent d'être des souvenirs du paradis, ils parlent plutôt de l'enfer. L'enfer véritable est un des thèmes de la littérature moderne (Kafka et autres). Déjà avant notre époque l'art utilisait pour ses représentations des monstruosités (Goya, Gogol), mais le monstrueux dans l'art était alors le chemin conduisant à la transfiguration, tandis que de nos jours la transfiguration est ce qu'on recherche le moins. Quant aux tentatives de retour au classicisme, elles se sont avérées impuissantes et réactionnaires. La crise de l'art est une crise de l'homme et reflète l'état du monde. Le monde traverse une phase de liquéfaction, il perd ses formes, il ne contient plus de corps solides. Dans les théories et découvertes de la physique moderne, le cosmos apparaît sous des formes n'ayant aucune fermeté, aucune solidité. Il en est de même des formes de l'âme humaine telle que la font connaître les découvertes de la psychanalyse et les spéculations de la philosophie du désespoir, de la crainte et du tremblement ; il en est encore de même des formes de la vie sociale, à la suite de la décomposition du vieux monde, etc. L'art et la littérature éprouvent des difficultés de plus en plus grandes à se donner une forme solide.

Weh ! Weh ! — Du hast sie zerstört — Die ewige Welt — Mit mächtiger Faust — Sie stürzt, sie zerfällt.
(FAUST.)

La crise de l'art, comme celle de toute la culture, nous met en présence du thème eschatologique. Le sentiment direct de la beauté du cosmos est affaibli, ébranlé, et cela pour la simple raison qu'il n'y a plus de cosmos. Il a été détruit par les sciences physiques, et le sentiment de sa beauté a été détruit par le pouvoir que la technique a pris sur l'âme humaine. La machine est venue s'interposer entre l'homme et la nature [1]. L'entrée dans une époque principalement technique a une signification métaphysique. Et l'attitude de l'homme envers l'art se trouve transformée de fond en comble. On dirait que l'homme est en voie de perdre les derniers souvenirs qui lui restent du paradis. Il entre dans une nuit où, au lieu de formes, il voit l'éclat des étoiles. On a ici l'impression d'approcher de la fin.

1 Voir mon étude : *L'homme et la machine.*

Au milieu de toutes ces formes en voie de décomposition, c'est le culte religieux qui présente la plus grande stabilité, et continue à agir aussi profondément que par le passé sur la vie émotionnelle de l'homme. Rien de plus naturel, d'ailleurs, étant donné que c'est en lui que s'est le mieux conservé le lien qui rattache l'humain au divin. Mais il subira, lui aussi, un processus de pétrification, si les formes exprimant le processus de création religieuse ne sont pas renouvelées.

J'ai fait, il y a une trentaine d'années, une conférence sur la « Ruine de la Beauté », dans laquelle j'ai développé la thèse pessimiste de la diminution de la beauté dans le monde. La beauté disparaît aussi bien dans la vie sociale humaine, qui devient de moins en moins belle, parce que manquant de style, que dans l'art qui renie de plus en plus la beauté. L'art veut représenter l'homme dans sa vérité, et cette vérité est amère et manque de beauté. C'est en cela que consiste le grand mérite de la littérature et de l'art qui, en procédant ainsi, nous aident à mieux connaître la vie. Pour la contemplation de la beauté plastique, les hommes s'adressent à des époques disparues. Ce siècle de la technique, des masses, du quantitatif écrasant, de l'accélération du temps, ne laisse pas place à la beauté. On dirait que le triomphe de la justice sociale rend la vie moins belle qu'elle ne l'était aux époques d'injustice sociale. C'est ce qui a plus particulièrement frappé K. Léontiev. Nietzsche était en pleine révolte contre la laideur du siècle démocratique. Aussi toutes ses préférences allaient-elles à la Renaissance, époque immorale, mais créatrice de beauté. Il y a conflit entre le Beau et le Bien, et ce conflit n'est pas aussi facile à résoudre que le pensent les esthètes et les moralistes. L'union du Beau et du Vrai suppose une transformation, une transfiguration complète de la vie. Or, le Beau, séparé du Vrai et du Bien, ne tarde pas à entrer en décomposition, pour finalement dégénérer en laideur. On ne trouve pas, dans l'histoire de la culture, une augmentation progressive de la beauté, mais ce qu'on trouve, c'est un affinement de la conscience et de la sensibilité esthétiques. Sur ce point, le pessimisme esthétique, il faut le reconnaître, a raison. L'esthétique est propre moins aux époques créatrices qu'aux époques auxquelles manque la Beauté. Ce n'est pas aux époques qui furent les plus grandes créatrices de Beauté que l'affinement et la réceptivité de la conscience esthétique ont présenté le degré le plus élevé. Les hommes sont très prédisposés aux illusions esthétiques. Nous nous extasions devant la beauté de ruines historiques, mais nous oublions que ces ruines que nous admirons tant n'existaient pas dans le passé, qu'elles datent de nos jours. Dans le passé, ce temple en ruines était un temple neuf, récemment construit, et non un temple ancien. Et il en est de même du reste. Dans le passé, le passé qui attire l'esthéticien n'existait pas, il était le présent. Devant la laideur du présent, nous trouvons une consolation dans le fait que le passé soit devenu ancien. La mémoire, loin d'être une force passive, est une force de création, de transfiguration. Nous sommes obligés à tout instant de constater le caractère paradoxal du temps. Les jeunes représentants de la pensée et de la littérature de la France contemporaine ont abouti à la philosophie du désespoir, et leur dernier mot est pour postuler le néant. L'homme est tellement rusé qu'il est capable de trouver une consolation jusque dans le désespoir. Ces courants se ressentent principalement de l'influence de Nietzsche et de Heidegger, en partie de celle de Kierkegaard et de Chestov, bien que les idées de ces deux derniers présentent une orientation religieuse. Citons, parmi les représentants de ces courants contemporains, Sartre, Bataille. Camus, etc. Pris de nausée devant la laideur de l'Etre, ils cherchent une issue dans l'activité créatrice. Mais l'homme est pour eux une chose inexistante, une nullité, une poignée de boue. Comment pourrait-il donc manifester une activité créatrice ? D'où lui viendraient les forces que cette activité nécessite ? Le Bien est par lui-même impuissant et incapable de sauver. Mais tout aussi impuissante et incapable de sauver est la créativité artistique. A la suite de la rupture entre le divin et l'humain, l'homme se trouve amené au bord de l'abîme, abîme de non-être et de désespoir. La beauté dépérit, parce que l'homme se trouve livré à lui-même, ne cherche qu'à s'affirmer et prétend se suffire. C'est là une dialectique irréfutable de la vie elle-même, et non seulement de la pensée. Le thème de la beauté nous amène à celui de la fin, à l'eschatologie. L'homme suit le chemin de la croix jusqu'au bout.

Chapitre XI
L'IMMORTALITÉ

Le problème de l'immortalité est un problème fondamental, le principal problème de la vie humaine, et si les hommes l'oublient, c'est parce que leur légèreté d'esprit les empêche d'approfondir les choses. Parfois cependant l'homme veut se persuader qu'il a vraiment oublié, alors qu'il ne se permet pas de penser à ce qui est plus important que tout. La prière que nous soit donnée la mémoire de la mort est une prière profonde, et c'est la mémoire de la mort, non seulement de la mienne, mais aussi, et surtout, de celle des autres, qui imprime son caractère sérieux à la vie. Toutes les religions, depuis les croyances des sauvages les plus primitifs, sont fondées sur l'attitude à l'égard de la mort. L'homme est un être qui se trouve devant la mort toute sa vie durant, et non seulement au moment suprême. L'homme livre toujours une double lutte : pour la vie et pour l'immortalité. La mort est un phénomène intérieur à la vie, il n'est pas l'au-delà de la vie ; c'est un phénomène bouleversant qui touche au transcendant. Une forte souffrance fait toujours surgir la question de la mort et de l'immortalité. Mais la même question surgit à chaque approfondissement de la vie. Nombreuses sont les doctrines philosophiques et religieuses ayant pour objectif la victoire sur l'horreur de la mort et la possibilité d'une immortalité réelle ou fictive. Nous avons ainsi la doctrine idéaliste de l'immortalité des idées et des valeurs ; la doctrine chrétienne de la résurrection de l'homme total ; la doctrine mystico-panthéiste de la fusion avec la Divinité ; la doctrine de la réincarnation des âmes ; la théorie de l'atténuation de l'angoisse de la mort par la fusion avec la vie collective sur la terre et la promesse d'une réalisation possible du bonheur terrestre. La doctrine spiritualiste de l'immortalité de l'âme comporte une promesse d'immortalité pour une partie de l'homme, et non pour l'homme total. La doctrine de la réincarnation promet encore moins l'immortalité de l'homme total, puisqu'en postulant la dissociation de l'homme en ses éléments constitutifs et leur intégration dans le processus cosmique, elle laisse l'homme au pouvoir du temps. L'homme peut ainsi entrer dans une phase d'existence non-humaine. La doctrine de la fusion avec la Divinité implique non l'immortalité personnelle, mais celle de la Divinité. La doctrine idéaliste n'implique pas non plus l'immortalité de la personne, mais celle des idées et des valeurs. Eluder le thème de l'immortalité par le recours à ce que j'appellerais volontiers le panthéisme social, c'est s'avouer incapable de résoudre cette question, et c'est s'opposer même à ce qu'elle soit posée. Seule la doctrine chrétienne de la résurrection de l'homme total fournit une réponse à cette question qui présente d'ailleurs, ainsi que nous le verrons, de grandes difficultés. La réponse à la question de la vie et de l'immortalité a pour condition nécessaire la *conscience* de la personne et de la destinée personnelle. Seule, la mort d'une *personne* est un événement tragique. Ce qui est tragique, c'est justement la mort d'un être immortel, tandis que la mort de ce qui est impersonnel n'a en soi rien de tragique. Seule, est sujette à la mort l'individualité, la personne. En perdant la conscience de la personne et en oubliant sa destinée unique et éternelle, on peut se consoler en disant qu'au moins la vie dans la nature et celle de l'espèce se renouvellent sans cesse et sont éternelles. L'homme, en tant que personne, lutte contre la mort au nom de l'immortalité. Les biologistes prétendent que la mort est le prix de notre développement hautement différencié. Simmel a formulé la même idée dans un langage plus philosophique, en disant que la vie reçoit une forme, parce que tout ce qui vit est destiné à mourir. Mais cela veut dire justement que la mort est le sort échu à ce qui mérite le plus l'immortalité ; ou, pour nous servir d'un paradoxe, nous dirons que c'est l'immortel qui est le plus sujet à la mort. Tel est le point de vue naturaliste, et c'est ce qui se passe dans le monde objectif. J'ai vu mourir mon chat favori. On dira que cette mort n'a rien de tragique, puisqu'un chat n'est pas une personne. Mais pour moi, auquel cette mort avait causé une profonde tristesse, cet argument est sans valeur, et cela pour plusieurs raisons.

Un animal qui possède de grandes qualités de beauté, d'intelligence, de tendresse, de charme, a une individualité très prononcée, unique en son genre. Il n'est pas une personne au sens humain du mot, mais il est une personne dans un certain autre sens, une personne d'un autre degré. Mais ce qui importe le plus, c'est que le grand amour que j'avais pour mon chat, exigeait, comme tout amour, l'immortalité, l'éternité de l'être aimé. Je ne peux pas penser au Royaume de Dieu, sans y assigner une place à mon chat Moury.

Il ne s'agit là que de sentiments qui me sont tout à fait personnels, et la mort d'un être auquel on nie le droit d'être considéré comme une personne peut être pour moi un événement très tragique. La théorie de Descartes d'après laquelle les animaux seraient privés d'âme et ne seraient que de simples mécanismes, m'a toujours révolté, parce que je la considère comme absurde. Et c'est la raison pour laquelle je n'ai jamais pu aimer Descartes. Mais la négation de la possibilité de l'immortalité pour les animaux ne me révolte pas moins. J'irai même plus loin : la mort d'un arbre que j'aimais et admirais peut être pour moi un événement tragique et je puis de toutes mes forces désirer son immortalité.

Les anciens croyaient à l'immortalité non de l'homme et de l'humain, mais des dieux et du divin [1]. Ils croyaient que l'âme provenait du souffle émanant de Dieu. L'âme a une ombre. C'était une croyance très répandue qu'il fallait alimenter le défunt, pour se garantir contre des actions hostiles de sa part. Le chemin d'outre-tombe était semé de toutes sortes d'obstacles, de passages dangereux, on y était guetté par des bêtes sauvages. On avait à soutenir une lutte difficile et dangereuse après la mort. C'est seulement en Egypte que l'immortalité était subordonnée à des conditions morales. Les Egyptiens furent les premiers à reconnaître l'immortalité de l'âme humaine. Mais ce fut d'abord le roi qui était considéré comme immortel, et c'est seulement par la suite que l'immortalité fut attribuée également aux membres des classes privilégiées. L'âme, délivrée du corps, est immortelle, parce qu'elle est divine. La croyance à l'immortalité a été le noyau et la source de la religion des Egyptiens. Le roi devenait dieu à la faveur du rite d'Osiris. On retrouve des survivances de cette croyance dans la sacralisation des rois pendant la période chrétienne. Le roi de l'Egypte est une âme collective, l'âme de la race, le totem, qu'on identifie à Osiris. Quant à la composition de l'homme, on se la représente comme très compliquée. Chacun a son Râ, son double, son totem, source de vie, génie protecteur. C'est le Râ qui est immortel : mourir, c'est s'en aller vivre avec son Râ. La doctrine de la réincarnation, très répandue dans le monde antique, se rattache à l'idée de la sanction morale, du mal dont on s'est rendu coupable au cours des réincarnations antérieures. Le zoroastrisme reconnaissait déjà la ré-

---

1 Cf. ADDISON : *La vie après la mort.*

surrection de la chair. C'est un fait caractéristique que les Grecs rattachaient leur espoir d'immortalité à l'âme, tandis que les Juifs le rattachaient à Dieu. C'est pourquoi l'idée de l'immortalité de l'âme est d'origine grecque. Les Juifs concevaient le salut comme étant celui du peuple tout entier, et l'on prétend que l'on trouve déjà chez Ezéquiel l'ébauche de l'idée d'immortalité. Mais, d'une façon générale, on ne trouve pas chez les prophètes la croyance à l'immortalité personnelle. Il y a dans l'eschatologie une distinction entre la perspective messianique-historique et la perspective de l'immortalité personnelle. L'une et l'autre sont entrées dans le christianisme. D'après la religion des Juifs anciens, le Chéol, dans lequel l'homme entrait après la mort, était un séjour sans espoir, et elle ne croyait qu'à des récompenses dans cette vie-ci. Le livre de Job marque une profonde crise de la conscience. C'est seulement au IIe siècle que les Juifs ont adopté la croyance à des récompenses dans l'autre monde. Mais, à la différence des Grecs, les Juifs sont arrivés à la croyance à la résurrection de la chair, et non à celle de l'immortalité de l'âme. Seuls les Esséniens professaient des idées spiritualistes et voyaient dans la matière la source du mal. Philon, qui appartenait au courant de pensée hellénistique, professait moins des idées messianiques se rapportant au peuple que des idées relatives au sort de l'âme individuelle. Les Gnostiques pensaient que l'élément spirituel de l'âme devait se séparer de la matière et s'unir à Dieu qui n'est pas le créateur du monde [1]. Mais aussi bien le judaïsme que l'hellénisme ont fini par une solution du problème dans le sens de la victoire sur la mort et de la conquête de l'immortalité. L'histoire de la lutte pour l'immortalité de l'âme est très intéressante à suivre chez les Grecs [2]. D'après Homère, il y aurait dans l'homme un reflet invisible que la mort libérerait. C'est la *psyché*. Le nom reste après la mort, survit à la mort. La religion homérique comporte un élément rationnel. D'après Hésiode, les hommes seraient transformés en démons. Parvenir à l'immortalité, c'est devenir dieu. Ce qui est immortel, c'est la manifestation de l'élément divin dans l'homme, cet élément seul étant immortel. L'homme doit se préserver des dangers dont le menacent les dieux chthoniques, souterrains, par la purification. La crainte de l'impur est caractéristique des hommes et de l'antiquité. Mais les héros

1 Voir Hans LEISEGANG : *Die Gnosis*, et B. DE FAYE : *Gnostiques et Gnosticisme*.
2 Voir sur ce sujet le livre remarquable d'Erwin ROHDE : *Psyché*.

s'apparentent aux dieux chthoniques et aux morts. Les héros sont des demi-dieux. Seuls sont immortels les héros, les demi-dieux, les hommes ordinaires ne le sont pas. Il y a séparation entre les hommes et la race des dieux, il n'y a pas de lien entre l'humain et le divin. La croyance à l'immortalité de l'âme est issue du culte de Dionysos, dans lequel il y avait mélange du surhumain et de l'inhumain, donc disparition de l'humain. On retrouve le même phénomène, à une époque beaucoup plus tardive, chez Nietzsche. L'homme est mortel, mais l'immortalité n'est possible que parce qu'il y a dans l'homme un élément divin, un élément titanique et dionysiaque. La religion apollinienne purement grecque s'infiltre dans l'élément dionysiaque. C'est ce qui a donné naissance à l'orphisme. L'homme doit sa délivrance non à lui-même, mais à la grâce du dieu sauveur. C'est par sa mort et sa résurrection que le dieu rend l'homme immortel. L'initiation aux mystères orphiques assure l'immortalité de l'âme. L'extase dionysiaque délivre l'homme des liens qui le rattachent au corps. Héraclite enseigne que l'âme est faite de feu. Il y a un dieu dans l'homme. Il n'y a pas d'immortalité individuelle, il n'y a que le feu universel. Pythagore croyait bien à l'immortalité de l'âme, mais en la rattachant à la réincarnation. D'après Anaxagore, c'est l'esprit qui est immortel, et non l'âme ; le général, et non l'individuel. La doctrine de l'immortalité individuelle se concilie difficilement avec la théorie des idées platonicienne. L'idée de l'au-delà était étrangère à la tragédie grecque. Et l'idée de l'immortalité de l'âme, comme faisant partie de sa nature, était étrangère à la religion populaire grecque. La recherche de l'immortalité se fait par les mystères qui marquent la fin des religions tribales et le commencement de l'universalisme.

La difficulté à laquelle se heurte la solution du problème de l'immortalité tient à ce qu'il est posé dans la perspective de l'objectivation, de la projection de l'existence humaine dans le monde objectif. Extérieurement, l'âme dépend du corps qui dépend, à son tour, du monde physique objectif. L'homme se trouve ainsi transformé en objet, en chose parmi toutes les innombrables choses du monde. Au point de vue biologique, la mort est une conséquence de la désagrégation de la structure compliquée du corps. Mais la cellule est immortelle, parce qu'elle est simple. Weissmann croyait que la cellule sexuelle est virtuellement immortelle. Platon voyait également dans la simplicité de l'âme la cause de son immortalité. C'est là un argument devenu classique, bien qu'il soit au fond d'un caractère naturaliste. L'énergie physique de l'organisme humain ne disparaît pas, mais se transforme, se répand dans le monde. On peut seulement se demander ce que devient après la mort l'énergie psychique. L'organisme humain a une composition multiple, coloniale, et c'est ce qui rend si facile sa désagrégation. La personne représente l'unité et la permanence dans cette composition multiple de l'organisme ; et c'est le principe spirituel qui maintient cette unité et cette permanence. Mais on se trouve en présence de ce paradoxe que c'est le principe spirituel lui-même qui rend la mort nécessaire, parce que les aspirations infinies ne peuvent trouver satisfaction dans les limites de ce monde-ci, du monde phénoménal. La mort ne règne que dans le monde des phénomènes, soumis au temps cosmique et historique. Dans le temps existentiel, elle ne représente qu'une expérience, le passage par une épreuve. La mort est inhérente à la destinée humaine, elle est l'expérience la plus irrationnelle, la plus bouleversante de l'homme. La signification spirituelle de la mort n'a rien à voir avec sa signification biologique. C'est une erreur de croire que le néant existe dans le monde de la nature. Il n'y a pas de néant, de non-être dans la nature ; la nature ne connaît que les transformations, les décompositions, les recompositions, le développement. L'angoisse du néant, de l'abîme, du non-être n'existe que par rapport au monde spirituel. La mort qui règne dans la nature est une mort naturelle. L'horreur de la mort est d'ordre spirituel et la victoire sur la mort est une victoire spirituelle. La mort se présente sous un aspect tout à fait différent, lorsqu'on l'envisage du point de vue existentiel, lorsque l'homme cesse de se considérer comme un objet projeté dans le monde extérieur. En se plaçant dans la perspective de l'existence intérieure, nul homme ne reconnaît, au fond, la possibilité d'une disparition définitive de lui-même et de ce qu'il a acquis en tant que personne. Je me surprends à faire ce raisonnement contradictoire : s'il n'y a rien pour moi après la mort, je l'apprendrai après la mort. Si, après la mort, il n'y a plus pour moi aucune autre vie, c'est que j'aurai disparu définitivement, et il n'y aura rien, il n'y aura pas de monde, car j'étais, moi, la seule preuve de l'existence du monde. La personne humaine est plus réelle que le monde tout entier, elle est un noumène qui s'oppose aux phénomènes, elle fait partie, par son noyau, de l'éternité. Mais tout cela se voit du dedans, et non du dehors. L'âme humaine est limitée par le corps, dépend des nécessités naturelles, mais elle est infinie intérieurement. Non seulement ce qui se dévoile en ce moment comme étant mon âme, mais aussi tout ce qui se révèle au cours de ma vie comme étant mon âme ne représente qu'une petite partie de mon âme, laquelle s'étend à l'infini, aussi bien dans la direction de la lumière que dans celle de l'obscurité. Ma vie, depuis la naissance jusqu'à la mort, n'est qu'un petit fragment de mon éternelle destinée. Ce qui est pour moi d'un intérêt vital, c'est le problème de mon individualité, et non de mon appartenance à l'espèce, du bien impersonnel, de la raison impersonnelle, etc. A supposer que, dans ma destinée finale, je me fonde avec la Divinité et que ce que j'ai d'individuel disparaisse, il est certain que moi, en tant que *moi*, je n'en saurai jamais rien et que cela n'ajoutera rien à ce que je suis, puisque je n'en aurai pas conscience. L'immortalité de l'intellect, enseignée par Averroès, est l'immortalité du général dans l'homme, et cette doctrine ne résout pas le problème de l'immortalité, pas plus que ne le résolvent l'immortalité impersonnelle et celle de l'espèce dont l'homme jouirait grâce au souvenir que garderaient de lui ses descendants, grâce à ce qu'il a déposé de lui-même dans les idées qu'il a laissées, dans ses créations. Ce que l'homme recherche, c'est l'immortalité personnelle, l'immortalité dans le sujet, et non dans l'objet. Mais la plupart des conceptions de l'immortalité se placent sous le signe de l'objectivité. Ce qu'il importe le plus de savoir, c'est que l'éternel seul est réel. Tout ce qui n'est pas éternel, tout ce qui passe est dépourvu de réalité. D'après Nietzsche, il suffit d'un instant de joie, de bonheur, pour entrevoir l'éternité. Mais ceci n'est vrai que si l'instant lui-même fait partie de l'éternité, au lieu d'être une fraction du temps. Le même Nietzsche écrivait à Deussen qu'il voulait avoir raison non pour aujourd'hui ou pour le jour de demain, mais pour des millénaires. Mais un millénaire diffère peu du jour présent et de celui de demain. Il faut avoir raison pour l'éternité. Il y a des instants d'extase créatrice et d'union avec Dieu, par lesquels on communie avec l'éternité et on se soustrait au pouvoir du temps.

La mort, qui est un phénomène qui se produit en vertu des lois de la nature, à la suite d'un processus biologique inéluctable, est pour l'homme le phénomène le plus individuel, le plus personnel. Elle constitue avant tout la fin des relations et communications de l'homme avec les autres hommes et avec le cosmos. Tout homme doit passer par l'expérience de la mort. D'après Freud, la mort est la fin vers laquelle tend toute vie. L'instinct du moi serait l'instinct de la mort. Et cependant, et toujours d'après Freud qui ne connaît pas de principe supérieur, personne ne croit à sa mort. Le paradoxe de la mort consiste en ce que la mort, tout en étant le plus grand mal, celui que l'homme redoute le plus, n'en ouvre pas moins l'accès de la vie éternelle ou constitue du moins une des issues vers cette vie. Notre vie est pleine de paradoxes de ce genre. C'est ainsi, par exemple, que la guerre, tout en étant un mal terrible, crée des possibilités d'héroïsme et d'élévation au-dessus de la vie quotidienne. La mauvaise infinité ferait justement de l'homme un être fini. Il y a conflit entre l'immortalité personnelle et la procréation, l'immortalité de l'espèce [1]. La force de procréation n'est pas du tout en rapport avec la qualité de la personne. L'individualité la plus achevée est celle qui est le moins compatible avec la procréation de vies nouvelles. L'immortalité de l'espèce, la survivance, même éternelle, dans les enfants et les petits-enfants, dans la nation, l'État, la collectivité sociale, n'a rien à voir avec l'immortalité proprement dite de l'homme. Ceci est vrai non seulement du monde humain, mais aussi, sur un plan différent, du monde animal. Les rapports entre la personne et la sexualité sont très complexes et mystérieux. La sexualité est la partie impersonnelle de l'homme qui se rapporte à l'espèce, et c'est en cela qu'elle diffère de l'Eros qui a un caractère personnel. D'une part, l'énergie sexuelle peut servir d'obstacle dans la lutte pour la personne et pour la spiritualisation, étouffer l'homme sous son impersonnalité naturelle, mais, d'autre part, elle peut se sublimer en énergie créatrice qui suppose que l'homme n'est pas un être privé de sexe. Mais la véritable transfiguration et illumination de l'homme exige une victoire sur la sexualité qui est un signe et un effet de la chute de l'homme. La victoire sur le sexe entraîne une transformation de la conscience humaine. L'immortalité dépend de l'état de la conscience. Seule parvient à l'immortalité une conscience intégrale, non dédoublée, une conscience qui ne se décompose pas en ses éléments et ne se recompose pas à

1 Voir sur ce sujet le remarquable article de Vl. SOLOVIOV : « Le sens de l'amour » (en russe).

l'aide de ses éléments. Pour l'homme, lorsqu'il parle de ce qui est immortel, on pense tout de suite à la mémoire, au souvenir. Ce qui est pénible et douloureux dans la vie de l'homme, ce n'est pas seulement l'oubli de ce qui lui était cher et précieux, la perte du souvenir, mais aussi, et dans une mesure encore plus grande, l'impossibilité d'oublier tout ce qui lui est arrivé de mauvais et de pénible dans le passé. L'immortalité est une mémoire transfigurée et illuminée. Mais le plus terrible dans la vie, c'est le sentiment de l'irrévocable, de l'irréparable, de la perte absolue. Ni la liberté humaine, ni la foi en l'immortalité naturelle ne peuvent rien contre ce fait. C'est sur ce point que se produit la rupture entre le divin et l'humain, c'est l'effet de l'abandon de Dieu. Seule peut alors être de secours la foi en la force de la grâce émanant du Christ, car c'est Lui qui incarne le lien unissant l'homme à Dieu. La lumière peut s'animer même dans les plus épaisses ténèbres. L'homme aspire à l'immortalité totale, à l'immortalité de l'homme, et non à l'immortalité du surhomme, d'un principe idéal en soi, à l'immortalité de ce qui est personnel, et non à celle de l'impersonnel et du général. On a souvent rattaché le problème de la mort à celui du sommeil. Fechner pense que la mort est le passage du demi-sommeil que représente notre vie terrestre, à l'état éveillé, à l'état de veille [1]. Les rêves résulteraient de la perte du pouvoir de synthèse mentale. Nous vivrions donc, d'après Fechner, dans un état de demi-conscience, de demi-rêve. Or l'immortalité est le passage à la conscience complète, de ce que je préférerais appeler la superconscience. La conscience complète, totale, est superconscience. Ce passage à la superconscience constitue l'éveil spirituel. La conscience tournée vers le monde phénoménal est une demi-conscience. La perspective de l'immortalité ne se découvre que lorsque la conscience a réussi à se soustraire au pouvoir exclusif du monde phénoménal. Le plus terrible, c'est que la plupart des perspectives eschatologiques ont engendré de véritables cauchemars, expression de l'oppression et des frayeurs des hommes.

La conscience humaine est pleine de cauchemars eschatologiques, bien que sous une forme plus ou moins acceptable. Le christianisme n'a pas réussi à surmonter jusqu'à ce jour le cauchemar qui se dégage de son eschatologie personnelle. L'introduction du prin-

---

1 Voir FECHNER : *Das Büchlein vom Leben nach dem Tode.*

cipe moral dans les croyances relatives à la vie d'outre-tombe marquait certainement un progrès, une spiritualisation des croyances magiques. Mais ce principe moral se réduisait principalement à une menace de jugement et était destiné à provoquer la frayeur. Les croyances chrétiennes relatives à la vie d'outre-tombe portent, elles aussi, le cachet d'une imagination sadique. L'imagination qui a inventé les tableaux de la vie d'outre-tombe était une imagination toute préoccupée de vengeance, une imagination méchante. L'Apocalypse vengeresse existe déjà dans le livre d'Enoch, qui précède et annonce l'Apocalypse chrétienne. L'orphisme fut la forme la plus élevée de la conscience religieuse grecque [1]. Mais l'idée de l'enfer, de récompenses et des châtiments vient probablement de l'orphisme. Les cauchemars eschatologiques, imaginés par l'homme lui-même, sous l'influence d'un sentiment soit de vengeance, soit de peur, sont très variés. Les cauchemars et les perspectives annonçant la disparition définitive de l'homme total sont ceux des hommes qui se considèrent comme des centres existentiels de l'univers, comme une réalité plus grande que la réalité du monde. L'homme de nos jours, qui professe des opinions naïvement naturalistes, parce qu'il n'est pas encore éveillé spirituellement, est obligé de se résigner à ce cauchemar. Et l'homme réussit à se persuader qu'une pareille perspective eschatologique est même tout ce qu'il peut souhaiter de plus réjouissant pour sa vie terrestre. En réalité, la vie perd alors tout son sens. Non moins chargées de cauchemars sont d'autres perspectives, plus positives ; la perspective des éternelles réincarnations, celle de la perte définitive et complète de la personnalité dans l'impersonnelle Divinité, et surtout la perspective de souffrances éternelles dans l'enfer. Et si l'existence éternelle dans les conditions de notre vie, qui font souvent penser à l'enfer, était possible, la croyance à cette possibilité serait encore un cauchemar qui provoquerait le désir de la mort. La philosophie religieuse conçoit la réincarnation autrement que ne le font les théosophes européens modernes, qui en ont fait une doctrine optimiste et évolutionniste. Chez les Hindous c'était une croyance plutôt pessimiste. Le bouddhisme enseigne avant tout les chemins de la délivrance des souffrances découlant de la réincarnation. La croyance à la réincarnation est incompatible avec la croyance à la grâce et ne rend pas possible la délivrance du Karma. La ré-

1 A. BOULANGER : *Orphée*.

incarnation est sans issue et ne permet pas de sortir, de s'évader du temps et de l'espace. En outre, la doctrine de la réincarnation justifie les injustices sociales, le régime de castes. Aurobindo, dont nous avons déjà parlé, a formulé une théorie mystico-panthéiste de l'immortalité, qui est bien supérieure aux théories des théosophes sur la réincarnation. Pour lui, la mort est une réaction du tout, du total contre la fausse limitation de l'*ego* dans sa forme individuelle [1]. Aurobindo s'est approprié également certains éléments chrétiens, mais l'idée chrétienne de la personne lui est étrangère. D'après lui, celui qui s'abandonne à la tristesse et cède à la douleur, celui qui est esclave des sensations et des émotions, qui se laisse absorber par des objets éphémères, celui-là ne connaît pas l'immortalité. Il veut dire par là que l'immortalité se conquiert. Les idées de Tolstoï sur l'immortalité ont un caractère panthéiste et se rapprochent davantage de la philosophie religieuse hindoue que du christianisme [2]. Pour lui, la vie personnelle est une vie fausse et, d'après lui, la personne ne saurait posséder le don d'immortalité. L'angoisse de la mort, qui faisait tant souffrir Tolstoï, se rattache à l'idée qu'il se faisait de la personne, c'est-à-dire de la fausse vie. La mort, pensait-il, n'existe pas pour ceux qui ont réussi à surmonter la vie personnelle. La théorie de l'éternel retour de Nietzsche est empruntée à une conception de la Grèce antique qui ne connaissait que le temps cosmique et soumettait entièrement l'homme au pouvoir du tourbillon cosmique. C'est là un cauchemar du même genre que celui des incarnations sans fin. L'éternel retour est en opposition avec une autre idée de Nietzsche, son idée messianique du surhomme, dont nous avons déjà suffisamment parlé. Non seulement, pense Nietzsche, l'humanité est mortelle et doit disparaître, mais sa disparition est même désirable. La pensée de Nietzsche est foncièrement antipersonnaliste, tout comme la pensée de son antipode Tolstoï. La théorie de la résurrection de N. Fédorov est la plus personnaliste de toutes celles que nous venons de passer en revue et porte le caractère le plus humain [3]. D'après lui, la vie doit revenir à tous les ancêtres morts, il n'admet pas que l'un quelconque de ceux qui sont morts puisse être considéré comme un moyen ayant dû servir à la réalisation de l'avenir, au triomphe de

1 Voir son commentaire des « Upanishad », déjà cité.
2 Voir le livre de TOLSTOÏ : *La vie*.
3 Cf. N. FÉDOROV : *Philosophie de l'œuvre commune* (en russe).

principes impersonnels et objectifs quelconques. Et la résurrection qu'il postule est celle de l'homme total. Il ne s'agit pas d'attendre passivement la résurrection des morts, mais il faut y contribuer activement. Mais la faiblesse philosophique de Fédorov consistait dans sa sous-estimation de la part qui doit revenir à la force créatrice de l'esprit dans la résurrection des morts et dans sa surestimation de la force des connaissances techniques, ce qui révèle chez lui l'influence du siècle du naturalisme scientifique. Fédorov a tout à fait raison de voir dans le christianisme, non la justification de l'immortalité, mais l'immortalisation même, l'obtention pour ainsi dire de l'immortalité.

Le besoin d'immortalité est un des besoins les plus profonds de l'être humain. Mais les croyances à l'immortalité se ressentent aussi de la limitation de l'être humain, de ses mauvais instincts qui lui ont suggéré le tableau du paradis, et surtout celui de l'enfer. Il lui était particulièrement difficile de se représenter le paradis, car, malgré tout, l'enfer est plus familier, moins relégué dans l'au-delà. Or, le tableau du paradis provoquait facilement l'ennui. La question du paradis a beaucoup inquiété Dostoïevski qui a émis à son sujet des pensées très profondes, comme, par exemple, dans le *Rêve de l'homme ridicule*. Pour lui, la question du paradis se rattachait à celle de la liberté. Il ne concevait pas le paradis sans liberté. Mais la liberté pouvait également créer un enfer. L'image peu engageante du paradis que l'homme a meublé des sensualités de ce monde-ci, dans lequel des justes eux-mêmes éprouvaient une volupté à la vue des tortures subies par les pécheurs relégués dans l'enfer, s'explique par le fait que le paradis a toujours été pensé d'une façon aussi peu apophatique que possible. Pensé cataphatiquement, il sera toujours insupportable, incompatible avec nos sentiments moraux et esthétiques. La vie est toujours et partout infinie. Or, le paradis pensé cataphatiquement est un paradis fini, dépourvu de toute vie authentiquement créatrice. Jaspers parle volontiers de la situation-limite de l'homme (*Grenzsituation* [1]). C'est que l'homme se trouve vraiment à la limite de deux mondes, ne réside tout entier dans aucun d'eux. L'homme est un être aux plans multiples. Tantôt il se transporte dans un autre monde, tantôt il touche à l'abîme. Le problème métaphysique de la mort se réduit surtout à celui du

---

1 K. JASPERS : *Philosophie*, 3 volumes.

temps. L'existence que l'homme mène dans ce temps historique et cosmique est-elle la seule existence possible ? Ou bien l'homme vit-il encore dans le temps existentiel qui touche à l'éternité et rapproche l'homme de l'éternité ? Nier l'immortalité, c'est affirmer que l'existence dans le temps est la seule possible, l'existence définitive ; c'est, autrement dit, prétendre qu'il n'y a qu'une existence écrasée par le temps et par le monde phénoménal. Le dernier mot de la philosophie jusqu'ici élaborée par Heidegger est l'affirmation du caractère fini de l'existence humaine. Le *Dasein*, qui remplace chez lui l'homme véritable, est une existence finie, s'acheminant vers la mort. Le cauchemar de l'enfer résulte de la confusion entre l'Infini et l'Eternel. Mais l'idée de l'éternel enfer est absurde. L'enfer n'est pas éternel, car il n'y a pas d'autre éternité que la divine. L'enfer est une mauvaise infinitude, l'impossibilité de sortir du temps pour entrer dans l'éternité. L'enfer est un cauchemar spectral, résultant de l'objectivation de l'existence humaine plongée dans le temps de notre éon. Un enfer éternel serait un échec et une défaite de Dieu, une condamnation de la Création qui apparaîtrait alors comme une farce diabolique [1]. Mais il y a beaucoup, beaucoup de chrétiens qui tiennent à conserver l'enfer... pas pour eux-mêmes naturellement. L'ontologie de l'enfer est la pire forme d'objectivation, la plus prétentieuse, inspirée par le sentiment de vengeance et celui de rancune. Mais la psychologie de l'enfer est possible et se rattache à une expérience réelle. La conception judiciaire de l'immortalité est une conception aussi basse que l'ancienne conception magique. L'élément pédagogique qui porte manifestement un caractère exotérique joue un grand rôle dans les théories traditionnelles sur l'immortalité. C'est la conception spirituelle de l'immortalité qui correspond à une conscience spirituelle plus élevée. Mais la conception spirituelle ne signifie pas que seule doive être considérée la partie spirituelle de l'homme. La résurrection de la chair doit également être comprise au sens spirituel. C'est le corps-âme qui est la semence, et c'est le corps-esprit qui est la moisson. L'homme est immortel, parce qu'il contient un principe divin. Mais ce n'est pas seulement le divin dans l'homme qui est immortel, c'est tout l'organisme de l'homme envahi par l'esprit. Le principe spirituel est justement celui qui, dans l'homme, s'oppose à l'objectivation

1 On trouve sur ce sujet beaucoup d'excellentes idées chez le P. S. BOULGAKOV. Cf. sa *Fiancée de l'Agneau* (3ᵉ partie de son système théologique).

définitive de son existence, objectivation au bout de laquelle il y a la mort, le plongeon définitif dans le courant du temps qui est aussi celui de ma mort. L'objectivation de la conscience engendre l'illusion d'un esprit objectif ne connaissant que l'immortalité impersonnelle.

C'est la conscience de sa vocation et de sa mission dans le monde qui, en dehors de toute idée consciente, peut donner à l'homme le sentiment de l'immortalité. Il se produit alors un enchevêtrement d'une eschatologie personnelle et de l'eschatologie historique, de l'eschatologie propre à l'histoire du monde. Je ne peux séparer mon immortalité de celle des autres hommes et du monde. Etre absorbé uniquement par sa propre immortalité, de même que ne penser qu'à son propre salut, c'est faire preuve d'un égoïsme transcendant. L'idée d'une immortalité personnelle, détachée de l'universelle perspective eschatologique, est en opposition avec l'amour. Mais l'amour est la principale arme spirituelle dans la lutte contre le règne de la mort. Ces deux antipodes, l'amour et la mort, sont inséparables. C'est à l'approche de la mort que l'amour se manifeste avec le plus de force. Et l'amour ne peut pas ne pas vaincre la mort. Celui qui aime est le vrai vainqueur de la mort. Tous nos efforts doivent tendre à ce que ceux que nous aimons, non seulement les hommes, mais aussi les animaux, héritent d'une vie éternelle. Le Christ a vaincu la mort, parce qu'il était l'incarnation de l'amour divin universel. Et l'amour ne peut pas ne pas souhaiter que tous soient sauvés de la mort par la résurrection universelle. Alors même qu'il n'y aurait qu'un seul être, un seul centre existentiel, qui ne participerait pas à la résurrection universelle, on serait en droit d'en conclure que le monde est un échec et qu'une théodicée est impossible. Dans ces conditions, mon immortalité personnelle est non seulement compromise, mais tout simplement impossible. Ma destinée dépend de celle du monde et de ceux qui me sont proches, et la destinée de mes proches et du monde dépend de la mienne. N. Fédorov a formulé une sainte exigence, en demandant que l'homme soit un résurrecteur. Mais il lie trop exclusivement la destinée humaine à ce monde phénoménal, il la voit trop à travers le plan de l'existence phénoménale. La mort de l'homme sur ce plan terrestre ne peut pas être le terme irrévocable de sa destinée. Si la réincarnation sur un seul plan s'oppose à l'idée de la personne, la réincarnation envisagée à travers plusieurs plans est parfaitement compatible avec cette idée. De ce que la réalisation de la plénitude de la vie humaine se poursuit dans le monde spirituel, il ne résulte nullement que le corps humain, la forme du corps ne puissent pas bénéficier de l'éternité et que celle-ci soit le privilège exclusif de l'âme. C'est que la forme du corps, si elle est inséparable de l'image de la personne, n'est pas pour cela inséparable de la matière qui, elle, est essentiellement mortelle, autrement dit de sa structure physico-chimique. En parlant de la résurrection du corps, j'entends par celui-ci le corps spirituel. S'il est un lien tout à fait mystérieux, c'est celui qui existe entre les destinées personnelles et le messianisme historique. La plénitude de la vérité chrétienne, dont la réalisation n'est possible que dans une religion de l'Esprit, implique l'union de l'immortalité personnelle et de la solution messianique des destinées historiques, de l'idée mystique et de l'idée prophétique. Aussi bien ceux qui, pour atteindre une vie supérieure, se détachent des destinées du monde et de l'histoire et se refusent à les partager, que ceux qui, poursuivant le même but, s'écartent du chemin spirituel personnel pour se laisser absorber et emporter par les destinées du monde, de la société et de l'histoire, aussi bien les uns que les autres, disons-nous, se trouvent, par leur exclusivisme, engagés dans une fausse voie et commettent une erreur également grave. C'est en cela que consiste toute la complexité du problème de l'immortalité. L'immortalité n'est pas un fait uniquement divin ou uniquement humain, mais à la fois divin et humain. Elle est un effet de la grâce et de la liberté, c'est-à-dire un effet dont une source est en haut, et l'autre en bas. C'est une erreur de croire que l'homme est un être naturellement immortel, de même que c'est une erreur de croire que l'homme ne reçoit l'immortalité que d'une force supérieure. Ici, comme ailleurs, l'erreur provient de la rupture du lien qui relie l'humain au divin, de l'auto-affirmation de l'homme qui est en même temps son humiliation, humiliation de ce qu'il a d'humain. Nous pensons couramment, à tout propos et hors de propos, à l'immortalité, en attribuant au monde phénoménal ce qui n'appartient qu'au monde nouménal, et inversement. Et c'est encore une erreur que nous commettons en opérant une rupture entre le monde phénoménal et le monde nouménal. La doctrine de l'immortalité doit être passée au crible d'une critique purificatrice, comme d'ailleurs la doctrine de la révélation. Elle doit notamment être épurée de l'anthropomorphisme, du cosmomorphisme et du sociomorphisme naïfs. Mais il y a un anthropomorphisme vrai qui découle de la position centrale de l'homme et de la commensurabilité du divin et de l'humain. Cet anthropomorphisme-là doit être uni au théomorphisme, c'est-à-dire être aussi bien divin qu'humain. La vraie perspective de l'immortalité est une perspective à la fois humaine et divine, et non abstraitement humaine. Et c'est ainsi que jusque dans le problème de l'immortalité nous retrouvons la dialectique de l'humain et du divin.

Chapitre XII
MESSIANISME ET HISTOIRE

C'est le messianisme qui nous aide à comprendre non seulement le sens de l'histoire, mais aussi le mode de formation de la catégorie de l' « historique ». L'histoire résulte de l'attente d'un grand événement qui doit se produire dans les temps à venir et qui sera une révélation du Sens même de la vie des peuples. C'est l'attente de l'apparition du Messie et de l'avènement du royaume messianique. Le mouvement de l'histoire s'effectue vers cette apparition messianique, qui mettra fin à l'esclavage et aux souffrances et sera pour les hommes un règne de félicité. La conscience messianique naît dans la souffrance. La souffrance, lorsqu'elle ne réussit pas à écraser l'homme, devient une force terrible. Le mythe messianique dynamique est orienté vers l'avenir ; à lui s'oppose le mythe messianique païen, tout entier tourné vers le passé [1]. Les Grecs étaient occupés par la contemplation du cosmos et de son mouvement cyclique, lequel suppose l'éternité du monde, un monde sans commencement ni fin, c'est-à-dire un monde évoluant surtout dans l'espace, et non dans le temps. Ni chez Platon ni chez Aristote on ne trouve une philosophie de l'histoire. C'est l'ancien Israël qui a le premier conçu une philosophie de l'histoire, le premier qui a eu l'intuition de la révélation de Dieu dans l'histoire, cette révélation ayant trouvé son expression chez les prophètes, et particulière-

1 On trouvera là-dessus des idées intéressantes dans TILLICH : *Die sozialistische Entscheidung.*

ment dans le livre de Daniel. C'est seulement dans le christianisme que la philosophie de l'histoire devient définitivement possible [1]. Le sage de l'antiquité parvenait à la quiétude intérieure, à l'harmonie et à la joie, sans se préoccuper de la marche du monde, du mouvement de l'histoire, sans avoir la moindre inquiétude de l'avenir. Mais le christianisme a apporté l'inquiétude de l'avenir, l'inquiétude messianique et eschatologique. C'est pourquoi il est fondé sur le postulat du mouvement et du changement, c'est pourquoi il est fondé sur l'espérance. Le messianisme chrétien dérive de celui de l'ancien Israël, peut-être aussi du messianisme persan, mais ne doit rien à la Grèce. Le temps et l'histoire acquièrent pour la conscience chrétienne une signification métaphysique. C'est là ce que Platon et Plotin auraient été incapables de comprendre. Malgré les tentatives qui ont été faites de lui donner pour base la philosophie grecque, la métaphysique chrétienne n'est pas ontologique, mais elle est avant tout une philosophie de l'histoire, elle est messianique et prophétique. Les chrétiens primitifs vécurent dans l'espérance de l'apparition du Fils de l'Homme dans toute sa gloire. Ils croyaient que les charismes prophétiques existeraient jusqu'à la deuxième apparition du Christ. Nous sommes là en présence d'une attitude paradoxale envers l'histoire : d'une part, en effet, l'attente passionnée de la proche apparition du Christ, de l'imminent avènement du règne messianique et de la proximité de la fin dissimulaient aux hommes la durée de la perspective historique ; mais, d'autre part, c'est cette attente passionnée, cette attente eschatologique qui a conféré un sens à l'histoire, en la faisant concevoir comme un mouvement vers la réalisation du royaume de Dieu. En concevant le processus historique comme un processus sans fin, on dépouille l'histoire de tout sens et on l'intègre dans le processus cosmique, avec son mouvement circulaire. La philosophie de l'histoire est toujours prophétique et ne peut pas être autre. L'histoire n'a pas encore atteint son terme, et le philosophe de l'histoire se trouve au milieu de son processus. Comment pourrait-on comprendre le sens de l'histoire, sans savoir ce que l'histoire sera par la suite ? C'est un argument dont on s'est servi pour nier la possibilité d'une philosophie de l'histoire. Il est évident que la philosophie de l'histoire ne peut pas être scientifique, qu'elle peut être uniquement

1 C'est ce que pense aussi DILTHEY qui nie d'ailleurs la possibilité d'une philosophie de l'histoire (voir son *Einleifung in die Geisteswissenschaften*).

prophétique. Elle suppose la vision d'une lumière venant du futur. Et c'est cette lumière qui donne un sens à l'histoire. L'histoire n'a un sens que si elle doit avoir une fin, si elle ne doit pas se poursuivre à l'infini. Le sens de l'histoire n'est pas un sens immanent, mais transcendant, et c'est la conscience messianique qui lui confère ce sens transcendant. Du point de vue immanent, l'histoire est un échec, un processus dépourvu de sens. Le terrain de l'histoire est volcanique, et les explosions volcaniques annoncent l'imminence de la fin et la possibilité d'un achèvement messianique de l'histoire. Ce ne sont pas les tentatives de construire des philosophies de l'histoire naturalistes, tentatives qui comportent la subordination de l'histoire au processus cosmique, qui contribueront à conférer un sens à l'histoire. C'est dans l'histoire de l'homme, et non dans celle de la nature, qu'il faut chercher le sens du monde. Toute la conscience religieuse de l'antiquité était plongée dans le cosmos et dans le temps cosmique. C'est sur ce terrain que sont nés les mythes vantant le retour au passé, en opposition avec les mythes créés par la conscience messianique et prophétique. Le prophétisme est en opposition avec le romantisme politique qui idéalise le passé. De tous les peuples dits païens, seuls les Perses possédaient une conscience religieuse qui leur a permis d'assigner un sens à l'histoire, et c'est par sa connaissance de l'Apocalypse de la fin que leur religion a exercé une influence sur la religion juive. Sans le prophétisme, le christianisme serait sans rapport avec l'histoire, serait sans avenir, alors que seul l'avenir peut projeter une lumière sur le passé.

Le caractère prophétique de la philosophie de l'histoire peut revêtir des formes sécularisées. C'est ce qui s'est produit au cours du XIXᵉ siècle. « La philosophie, dit Kant, peut, elle aussi, avoir son millénarisme [1]. » Ce millénarisme, c'est-à-dire l'idée messianique, est une caractéristique profonde de toute la philosophie de l'histoire du XIXᵉ siècle qui avait en apparence rompu avec le christianisme. Dans cette philosophie de l'histoire, l'élément prophétique est même plus accusé que dans la philosophie de l'histoire religieuse de saint Augustin et de Bossuet. Ceci est vrai de Hegel, de K. Marx, de Saint-Simon, d'Aug. Comte, dont toute la philosophie de l'histoire est pénétrée de prophétisme, sans lequel elle n'aurait au-

1 *Kant's Populäre Schriften* : « Idee zu einer allgemeinen Geschichte in weltbürgerlicher Ansicht. »

cun sens. La philosophie de l'histoire d'adversaires de la métaphysique, tels qu'Aug. Comte et K. Marx, n'est pas moins prophétique que celle du métaphysicien Hegel. Hegel connaît le but de l'histoire du monde au terme de laquelle c'est dans l'homme que l'esprit universel prend définitivement conscience de lui-même, l'histoire étant un développement progressif de la conscience de la liberté et une réalisation progressive du règne de la liberté. Aug. Comte sait qu'une phase positiviste viendra remplacer, dans l'histoire de l'humanité, les phases théologique et métaphysique. K. Marx sait que l'époque caractérisée par l'exploitation bourgeoise et capitaliste et par l'esclavage de l'homme cédera la place au socialisme triomphant, lorsque le prolétariat, classe messianique, promue au rang d'une sorte de peuple élu, aura réalisé dans le monde la justice et libéré non seulement elle-même, mais l'humanité entière. Comment peut-on connaître cette humanité future ? Peut-on considérer cette connaissance comme scientifique ? Certainement non : ce n'est pas une foi fondée sur la science, mais une forme sécularisée de la vieille idée du millénarisme. L'idée du progrès humain, qui forme, depuis Condorcet, la base de la philosophie de l'histoire, est de nature religieuse et d'origine chrétienne. Elle est une forme sécularisée de l'idée chrétienne du mouvement vers la réalisation du royaume de Dieu, thème fondamental de l'histoire universelle. L'idée du progrès est destinée à donner un sens à l'histoire, mais l'illusion de ses adeptes consiste à croire qu'elle confère à l'histoire un sens immanent, alors que l'histoire ne peut avoir qu'un sens transcendant. Il faut distinguer l'idée du progrès de celle d'évolution qui, elle, repose sur des données biologiques. La principale contradiction dont souffre l'idée du progrès consiste en ce que toute génération humaine, toute personne humaine y est considérée comme un moyen au service des générations à venir, de la perfection future, comme un moyen en vue de la réalisation sur la terre du royaume de Dieu, dont bénéficieront les heureux qui viendront après nous et que ne verront pas toutes les générations mortes qui ont servi de moyen à cette fin. La théorie du progrès est une théorie antipersonnaliste. Mais elle est pénétrée de l'idée messianique dont les racines et les sources sont de nature religieuse. Sans l'idée messianique, l'histoire apparaît comme un amas de faits juxtaposés sans ordre et dont l'enchaînement n'a aucun sens [1]. Mais

1 Il y a sur ce sujet un livre très intéressant de Théodore LESSING : *Geschichte als*

l'idée messianique n'implique nullement une conception optimiste de l'histoire. Au contraire, la conception qu'elle implique est plutôt tragique. L'histoire est une lutte qui se déroule entre des principes contradictoires, opposés, et tout n'y est pas réussite. Il y a dans l'histoire accumulation non seulement de bien, mais aussi de mal, et c'est pourquoi l'histoire doit avoir une fin. Mais le Royaume de Dieu viendra, et c'est alors que seront résolues toutes les contradictions, conciliées toutes les oppositions qui existent entre les deux mondes. On ne peut se présenter l'avènement du royaume millénaire que sous la forme d'une contradiction, c'est-à-dire comme étant à la fois un en-deçà et un au-delà, terrestre et céleste. Contrairement à ce que pensait Hegel, l'Esprit ne s'incarne pas et ne se développe pas dans l'histoire d'une façon continue, il ne s'y manifeste que par saccades. L'histoire subit l'action aussi bien de la liberté humaine que du *fatum* et du hasard, qui est rationnellement inexplicable [1]. La perfection à venir est un phénomène d'ordre transcendant, mais le transcendant peut devenir immanent. L'ancienne opposition entre l'immanent et le transcendant est devenue sans valeur. Sans le prophétique qui a subi le recul que l'on sait dans le christianisme historique, le christianisme serait sans rapport aucun avec l'histoire. Le christianisme historique, qui a perdu l'esprit prophétique, est incapable de comprendre le sens de l'histoire. Ce sens ne se révèle qu'au christianisme eschatologique. Le courant qui nie la possibilité d'un messianisme chrétien est, dans le christianisme, un courant réactionnaire. Le messianisme est un pressentiment historique non seulement de la deuxième apparition du Messie, mais aussi de l'avènement du royaume de Dieu. Le christianisme est une religion messianique, prophétique, tournée vers le futur, vers le Royaume de Dieu. La lumière vient non seulement du passé, mais aussi du futur. Il va sans dire qu'il y a toujours danger de faux messianisme, de faux Messies. Parmi ces derniers, on peut citer, par exemple, Thomas Muentzer et sa prédication. Mais le messianisme de Joachim de Flore n'était pas un faux messianisme ; ce fut un messianisme prématuré, ayant devancé son époque.

On se tromperait en croyant qu'à la suite de l'apparition du Christ-Messie le royaume de Dieu se trouvera déjà définitivement

Sinngebung des Sinnlosen.
1 Voir FABRE D'OLIVET : *Histoire philosophique du genre humain.*

instauré, qu'il n'y aura plus rien à attendre de l'avenir, que le messianisme aura perdu toute sa raison d'être. Une pareille croyance, tournée uniquement vers le passé, repose sur une fausse identification du Royaume de Dieu et de l'Église. Ce fut là l'enseignement de saint Augustin qui a fini par être adopté par toute la catholicité. Par là se trouve affermie l'autorité de l'Église historique et écartée la possibilité de tout prophétisme. Les attentes tournées vers le futur sont déclarées dangereuses. Quant à la deuxième apparition du Christ-Messie, on préfère n'en pas parler. On passe sous silence l'Apocalypse. On constate les mêmes réserves et silences dans l'Orthodoxie, bien que d'une façon moins accentuée que dans le catholicisme, plus solidement organisé. L'Évangile n'en est pas moins l'annonce de la bonne nouvelle de l'avènement du royaume de Dieu. Or, le royaume de Dieu est une idée eschatologique [1]. Nous prions : « Que Ton royaume vienne », ce qui signifie que le Royaume de Dieu n'est pas encore venu, bien que l'Église existe depuis deux mille ans environ. L'Église est le chemin de l'histoire, et non l'avènement du royaume de Dieu. L'Église est un phénomène partiel dans la vie historique des peuples, et non un phénomène total, comme doit l'être le royaume de Dieu. Loin d'être une transfiguration du monde, l'Église n'est qu'une affirmation symbolique du royaume de Dieu à venir. Ceci n'est d'ailleurs vrai que de l'Église historique, et non de l'Église mystique. Tel est le fait le plus important de la vie historique du christianisme. Le Christ prêchait que le royaume des cieux est proche, autrement dit l'imminence d'un monde nouveau et d'une vie nouvelle. Les premiers chrétiens ont vécu dans une atmosphère eschatologique. Ils attendaient la deuxième apparition du Christ, la fin de ce monde et l'avènement du Royaume promis. Ils ne voyaient pas combien était long le chemin qui devait conduire d'une apparition à l'autre. Et leurs attentes ne se sont pas réalisées. Le Christ n'est pas apparu une deuxième fois sur la terre, la fin des temps n'est pas venue. Et c'est le long chemin de l'histoire qui s'est déployé, et sur ce chemin a surgi l'Église qui s'est donné une organisation semblable à celle de tous les grands corps de l'histoire. C'est l'Église, et non le Royaume de Dieu, qui a fait son apparition sur cette terre, et elle commença à se développer en s'adaptant aux conditions de ce monde. Les attentes messia-

1 Cf. Johannes WEISS : *Die Predigt Jesu vom Reiche Gottes*, ainsi que les ouvrages de LOISY.

niques ont été refoulées à l'intérieur, pour réapparaître plus tard sous une forme sécularisée. Le prophétisme était de plus en plus refoulé à l'arrière-plan, devenait de plus en plus suspect et engendrait des hérésies. Il apparaît parfois, comme dans le montanisme, d'une façon prématurée et sous une forme faussement exaltée : « Aspirez aux dons spirituels, et surtout au don de prophétie », dit saint Paul (I Corinth., 14, I). Ce sont des paroles qu'on ne répète pas volontiers. On oppose le sacramentalisme au messianisme, le salut et l'immortalité personnels au royaume de Dieu. Mais le sens de l'histoire entre les deux apparitions du Christ doit être justifié ; or, en l'absence de l'esprit prophétique, ce sens est impossible à comprendre. Le prêtre a de plus en plus refoulé le prophète, et le ritualisme est en plein triomphe. Mais ce n'est pas le ritualisme qui aidera à comprendre le sens de l'histoire. L'affaiblissement du rôle du christianisme dans l'histoire s'explique par l'affaiblissement de la conscience messianique. Le prophète entendait la voix de Dieu ; mais cette voix a cessé d'être entendue. L'attente d'un Messie personnel existait chez le peuple juif, et non chez ses docteurs et ses prêtres. Le judaïsme a transformé le prophétisme en une religion de la Loi et de la Tora. Le même phénomène s'est produit dans le christianisme. Le pharisaïsme est un phénomène propre aussi bien à la religion chrétienne qu'à la juive, avec cette différence qu'après l'apparition du Christ le pharisaïsme chrétien n'a fait que s'aggraver. Le refroidissement de la flamme suscitée par la première révélation, l'instauration du règne de la loi, du formalisme, du pharisaïsme, sont des phénomènes qui se retrouvent dans toutes les religions : aussi bien dans le judaïsme que dans le bouddhisme, l'islamisme et le christianisme. Ce qui constitue le côté douloureux du problème du messianisme, tel qu'il se pose dans l'histoire, c'est le fait que l'homme est impuissant à secouer, au nom de l'idée messianique, le poids que fait peser sur lui l'histoire, qu'il ne peut pas se soustraire à l'histoire et est obligé de subir les rudes travaux qu'elle lui impose. Le messianisme rêveur résulte d'une fausse disposition d'esprit. Nous nous trouvons ici devant une situation paradoxale : la conscience et l'attente messianiques créent l'histoire, lui confèrent un sens, un lien, tout en cherchant en même temps à mettre fin à l'histoire, à sauter par-dessus l'histoire. C'est là une contradiction à laquelle il faut se résigner. Si la première apparition du Messie a eu sa préparation au sein du peuple juif, c'est au sein de l'humanité entière que doit se faire la préparation de la deuxième apparition. C'est en cela que consiste la justification de l'histoire. Et le but n'est autre que celui de la réalisation de la plénitude créatrice de la vie, de la réalisation de l'Esprit non seulement dans la vie humaine, mais aussi dans la vie cosmique.

On peut, d'après les caractéristiques qu'ils présentent, distinguer quatre types de messianisme : 1° messianisme national ou universel ; 2° messianisme de l'en-deçà ou de l'au-delà ; 3° messianisme vainqueur ou souffrant ; 4° messianisme personnel ou impersonnel. On retrouve tous ces types chez le peuple d'Israël. En Egypte, le messianisme se confondait avec le caractère divin du roi. Messie veut dire avant tout l'Oint de Dieu. L'idée messianique du roi, comme d'un Oint de Dieu, s'est conservée dans le christianisme, bien qu'elle n'ait rien de commun avec celui-ci. Le messianisme va toujours de pair avec le millénarisme, avec l'attente du royaume millénaire. Le messianisme des XIXe et XXe siècles, sécularisé et détaché de ses racines religieuses, attend, lui aussi, le royaume millénaire, et cela est vrai à la fois de Hegel, de Marx, d'Aug. Comte et du racisme allemand. Mais ce messianisme sécularisé est un messianisme de l'en-deçà, victorieux et impersonnel. L'histoire se trouve par lui divisée en trois périodes qui sont, d'après Hegel, celles de la thèse, de l'antithèse et de la synthèse. C'est au cours de cette troisième période que sera instauré le régime parfait, que sera assuré le triomphe de la liberté, de la raison, de la science et de la justice, que sera réalisé le bonheur universel. Cette attente passionnée d'un état parfait devant survenir au cours de la troisième période, qui sera celle du sommet du progrès, est une attente messianique, une attente du royaume millénaire. Dans le passé, on trouve une manifestation frappante du messianisme religieux chez Joachim de Flore (XIIIe siècle) qui attendait l'avènement de la troisième époque du Saint-Esprit, et dans le mouvement religieux de l'Italie au cours de ce siècle. Le messianisme et le prophétisme se trouvent également chez Saint-Simon, Fourier, X. de Maistre (attente d'une nouvelle révélation du Saint-Esprit), chez Aug. Comte, chez Hegel et Schelling (christianisme johannite), chez Czeschkowski (manifestation la plus remarquable), chez Marx, chez Nietzsche (avènement du surhomme et d'une culture nouvelle, dionysiaque), chez Ibsen (troisième règne) et chez l'apocalyptique Léon Bloy. Parmi les Russes, on trouve une adhésion au messianisme et au prophétisme chez Dostoïevski, N. Fédorov, Vl. Soloviov, et même chez les socialistes et les anarchistes, mais principalement dans l'anarchisme religieux de Tolstoï. Le messianisme exprime toujours une attente orientée vers l'avenir, mais une attente qui, loin d'être passive, pousse et encourage à l'action : action historique, mais inspirée de la foi en l'avènement de la fin de l'histoire. C'est en cela que consiste la contradiction apparente de la conscience messianique. De nos jours, seuls les peuples russe et allemand ont eu une philosophie de l'histoire. La philosophie de l'histoire allemande est panthéiste et cosmique. La philosophie de l'histoire russe est théoandrique eschatologique. Mais les deux peuples sont également animés d'une passion messianique, source de dynamisme et d'activisme, l'un et l'autre incompatibles avec une interprétation purement spiritualiste du royaume de Dieu et une conception purement individualiste de l'immortalité. La solution de l'histoire universelle est inconcevable sans le messianisme, phénomène religieux, en rapport avec le côté prophétique de la religion. La conception purement sacramentale de la religion n'est pas favorable à l'esprit prophétique et à l'attente messianique. Ceux qui ne voient que le côté sacramental de la religion ignorent que la lumière vient non seulement du passé, mais aussi de l'avenir. Le prophétisme est un principe de régénération, d'éveil à une vie nouvelle. Le prophète n'est pas un simple instrument passif entre les mains de Dieu. L'humain se montre, lui aussi, au plus haut point actif dans le prophétisme qui est un fait à la fois divin et humain, une activité créatrice à la fois divine et humaine. Le prophétisme dans la littérature, l'art, la philosophie, dans les mouvements sociaux, est une manifestation de l'activité créatrice de l'homme. On commet une erreur fatale, en séparant le divin et l'humain, en voyant la seule manifestation de Dieu dans la religion et dans la vie spirituelle, et la seule manifestation de l'homme dans la culture et dans la vie sociale. En réalité, cette séparation entre les deux principes est injustifiée, car dans chacune de ces manifestations le divin et l'humain sont inséparables. Si dualisme il y a, et le dualisme est nécessaire pour la vie active et pour la lutte, il est d'une nature tout à fait différente : c'est le dualisme de la liberté et de la nécessité, du Bien et du Mal. Il y a trois points de vue : 1° religieux-social, fondé sur le principe de la race et de la nationalité, principe païen ; 2° religieux individualiste, comportant l'éloignement du monde et de l'histoire (religion de l'Inde, néo-platonisme, Eckhardt) ; 3° religieux chrétien, messianique et en même temps spirituel, s'élevant au-dessus du principe national et racial de l'État, postulant l'existence du transcendant et reconnaissant la possibilité de la transformation du monde par le transcendant ; il n'admet pas l'absorption progressive du principe idéal et spirituel dans l'histoire, dans l'État, dans l'autorité et l'esprit objectivé qui en seraient des réalisations ou incarnations. L'histoire est une tragédie et, dans une certaine mesure, une tragicomédie. L'activité de l'homme, qui lui incombe comme un devoir, ne doit pas dépendre d'une réussite, d'une réalisation dans l'histoire. Le *Baghavat-Gita* enseigne avec raison qu'on ne doit pas s'attacher à cueillir les fruits d'une action. Tout acte humain, bon et positif, a une importance du point de vue de l'éternité, alors même que les forces des ténèbres et du mal ont rendu sa réalisation impossible dans le temps.

La philosophie de l'histoire pose les rapports de l'histoire avec le temps, la liberté et la personne. Et ces rapports apparaissent paradoxaux. Le temps est déjà par lui-même un paradoxe. La fuite du temps, sa division en un passé qui n'est plus, en un futur qui n'est pas encore et en un présent dont une partie est déjà allée rejoindre le passé, tandis que l'autre est appelée à faire partie du futur, tout cela rend difficile l'appréhension de sa réalité. Il y a un présent du passé, un présent du futur et un présent du présent [1]. Toute notre vie dépend du temps, et le temps est pour nous porteur de mort. C'est dans le temps que s'accomplissent les actes créateurs de nouveautés. L'histoire s'accomplit dans le temps. Mais le temps historique diffère du temps cosmique. Le mouvement qui s'accomplit dans le temps historique n'est pas un mouvement cyclique, circulaire, mais un mouvement de progression en avant, un mouvement vers un but. Mais c'est justement dans le temps historique que le but ne peut pas être atteint, de sorte qu'on se trouve en présence d'un mauvais Infini. L'issue n'est possible que par un élan vers le transcendant. L'histoire peut bien tendre vers la réalisation d'une société ayant une organisation parfaitement rationalisée et

1 C'est SAINT AUGUSTIN qui a émis, dans ses *Confessions*, les idées les plus remarquables sur le temps.

mécanisée. Mais ce n'est pas cela que je veux. Je veux le royaume de Dieu qui se réalise invisiblement. Les rapports entre l'histoire et la liberté sont des rapports paradoxaux. Si l'histoire a un sens, c'est parce qu'elle suppose l'existence de la liberté. Si le christianisme est historique, c'est justement parce qu'en lui se révèle la liberté. Sans la liberté, il n'y a pas d'histoire, il n'y a que le règne de la nature. Mais, en même temps, l'histoire étouffe la liberté de l'homme en le soumettant à ses nécessités. Comme l'a fort bien dit Hegel, c'est la ruse de la raison qui règne dans l'histoire et soumet tout à son pouvoir au nom de buts qui n'ont rien d'humain, qui sont même inhumains [1]. L'homme crée l'histoire, en y apportant toutes ses forces créatrices. Mais l'histoire est pleine d'indifférence pour l'homme, et pleine de cruauté. Il y a dans l'histoire un véritable démonisme. L'homme est un être historique et, comme tel, incapable de secouer le poids dont il est chargé par l'histoire. Et le plus grand paradoxe est celui que présentent les rapports de la personne et de l'histoire. Le conflit qui met aux prises la personne et l'histoire universelle est le conflit fondamental de la vie humaine, fait dont les hommes comme Dostoïevski, Kierkegaard se sont fort bien rendu compte. L'histoire ne résout pas le problème de la personne et de sa destinée, ce qui rend la fin de l'histoire inéluctable et inévitable. Les hommes diffèrent, selon qu'ils attribuent la suprême valeur à la personne, à l'Église, considérée comme communauté spirituelle et communion spirituelle, ou bien à la puissance de l'État et de la nation, à l'hiérarchie extérieure de l'Église. Comme une société est une communauté spirituelle, on attribue cette valeur suprême à la puissance de l'État et de la nation, à l'hiérarchie extérieure de l'Église. Les ennemis de la liberté agissent sous l'action de la peur qui est un des principaux facteurs de l'histoire et un des signes de la déchéance de l'homme. Ce qui relève l'homme, c'est la conscience messianique, la conscience de la marche vers un but, de la marche vers le terme. Et le progrès lui-même, essentiellement double, peut être ou une progression vers le terme qui est le Royaume de Dieu, immanent et transcendant, ou un processus sans fin ne comportant aucune solution, n'impliquant rien de sacré, dans lequel tout se trouve transformé en moyen. Et c'est en cela que consiste la nature contradictoire du progrès, celle de l'histoire dont on peut aussi bien dire qu'elle a un sens et, en même temps, qu'elle est dépourvue

1 HEGEL : *Vorlesungen über die Philosophie der Geschichte.*

de sens, en quoi elle ressemble à une comédie ; qu'elle marche vers son terme et qu'elle est en même temps infinie au mauvais sens du mot. Tout autant contradictoire est l'existence de l'Église dans l'histoire. L'Église historique rappelle un autre corps de l'histoire, l'État, l'État de César, dont elle possède toute la relativité, le pouvoir d'adaptation, étant soumise, comme lui, à la loi de la nécessité. Mais l'Église est en même temps métahistorique, elle fait entrevoir un autre monde au delà de ce monde-ci, elle est une société spirituelle où règne la liberté et qui ne ressemble pas au règne de la nature. C'est du mélange de ces deux natures que résulte toute la complexité de l'histoire de l'Église, tout ce que cette histoire présente de pénible. Obligée d'agir dans la nature, elle se rend complice du péché de l'histoire. Mais étant métahistorique elle doit conduire au royaume de Dieu. D'un point de vue plus profond, elle apparaît comme étant l'âme de l'histoire et l'âme du cosmos, comme ayant des limites qui ne coïncident pas avec les limites visibles de l'Église historique. La vie de l'Église est un processus à la fois divin et humain, dans lequel le principe humain joue un rôle double : celui de création positive et celui de force de déviation négative. Elle contient une force d'inertie et de conservation, qui l'immobilise et la rend hostile à toute vie créatrice : c'est son principe humain, trop humain, n'ayant, contrairement à ce qu'affirment ses partisans, rien de divin. Tous les conflits et toutes les contradictions de l'histoire ont leur retentissement dans la vie de l'Église. L'histoire résulte de l'action concomitante de la tradition et de transformations créatrices. La tradition qui, dans le passé, fut une manifestation de la vie créatrice, peut devenir un principe d'inertie, d'immobilité et même de mort, et entraîner ainsi une sorte de trahison envers ses origines qui furent celles d'une manifestation créatrice. Le changement ne doit pas être une adaptation opportuniste au monde tel qu'il est donné. Seule la conscience messianique qui subsiste dans l'Église tend vers le Royaume de Dieu dans lequel la séparation entre la religion et l'Église, telle qu'elle s'est produite au cours de l'histoire, est appelée à disparaître.

Toutes les réalisations de l'histoire apparaissent comme des échecs. Ce qui est réalisé, ce n'est jamais ce qui a été conçu par l'idéal créateur. Et c'est tout d'abord le christianisme qui fut un échec dans l'histoire. Quelle différence tragique entre les chrétiens des catacombes et les chrétiens entourés de la grandeur papale et impériale, entre les chrétiens persécutés et les chrétiens persécuteurs ! Aucune religion ne peut se vanter d'un succès. C'est énoncer une affirmation ridicule que de dire que la Révolution française a réalisé la liberté, l'égalité, la fraternité. Il y a une contradiction impressionnante entre les révolutionnaires bolchevistes de l'époque de la vie souterraine, illégale et de l'exil, et les mêmes bolcheviks revêtus de la grandeur du pouvoir, portant uniformes, couverts de décorations, trônant dans des ambassades, etc. Même contradiction entre la Réforme de Luther et les pasteurs protestants du XIXe siècle. Tous les grandioses desseins des empires universels ont donné lieu à des réalisations qui ne furent que d'une brève durée, comme l'Empire d'Alexandre qui a disparu avec sa mort, ou l'Empire romain, ou ceux de Charlemagne et de Napoléon. La gloire et la grandeur n'ont dans ce monde qu'une durée éphémère et sont choses illusoires. Il en sera de même du régime socialiste. Le pouvoir appartient au prince de ce monde, et il se livre sur les desseins humains à des plaisanteries qui n'ont rien d'encourageant. Les sociétés humaines passent d'un état d'oppression, de cruauté, d'une vie privée de toute garantie, des horreurs des guerres et des révolutions, bref d'une vie rude et sévère, pleine de dangers, à une vie plus calme, plus satisfaisante, plus libre, à une vie petite-bourgeoise, à la recherche de jouissances, le tout finissant par la démoralisation et aboutissant à la décadence, pour ensuite recommencer le même cycle. C'est en cela que consiste la tragi-comédie de l'histoire. Faut-il donc renoncer définitivement à l'histoire ? Non : l'histoire est une épreuve, une expérience créatrice que l'homme doit subir : les échecs de l'histoire, des réalisations historiques ne sont pas des expériences faites en pure perte, car c'est à travers ces échecs mêmes que l'homme s'achemine vers le Royaume de Dieu. Ceci nous met seulement en présence du problème de la fin. Le Royaume de Dieu ne peut pas se réaliser dans les conditions de ce monde-ci. Sa réalisation exige non des changements dans ce monde, mais une victoire sur le temps. Le messianisme est la foi en l'avènement de temps nouveaux, du Royaume de Dieu, en l'apparition du Messie dans toute sa force. L'attente qui anime la conscience messianique se trouve à la limite de deux mondes, de celui de l'en-deçà et de celui de l'au-delà, du monde immanent et du monde transcendant, du monde terrestre et du monde céleste, du monde historique et d'un monde métahistorique. Les attentes messianiques ne peuvent pas se réaliser à l'intérieur de l'histoire, mais en dehors de l'histoire. C'est là une contradiction inhérente à notre conscience bornée, à notre raison déchue. Aucun des actes créateurs de l'homme ne réussit à réaliser l'œuvre telle qu'elle a été conçue par son créateur. Aussi bien tout acte peut-il être considéré comme un échec. Mais, en même temps, tout acte de création porte un caractère eschatologique, marque la fin de ce monde-ci et le commencement d'un autre. Seulement la conscience bornée ne s'en rend pas suffisamment compte. Deux idées messianiques se sont heurtées dans le monde moderne : la russe et l'allemande. L'idée russe, sous sa forme la plus pure, est celle de la réalisation de la vérité, de la justice et de la fraternité des hommes et des peuples. C'est une idée héritée des prophètes, de la vérité éternelle du christianisme, de quelques docteurs de l'Église, surtout de ceux de l'Orient, et des recherches de la vérité par le peuple russe lui-même. L'idée allemande est celle de la domination exercée par une race de seigneurs sur d'autres races et peuples, soi-disant inférieurs. C'est un héritage de la vieille idée païenne, de l'idée gréco-romaine de la formation sélective d'une race de seigneurs, forte et dominatrice, appelée à asservir les faibles, nés pour être esclaves. Dans la pensée allemande, cette idée a été élaborée par toute une génération de pangermanistes [1]. La première idée correspond à l'aspiration au Royaume de Dieu, à la recherche de la « vérité terrestre [2] », vérité que le christianisme historique n'a pas encore suffisamment révélée et qui ne se révélera complètement qu'avec la révélation définitive de l'Esprit.

Chapitre XIII
RELIGION DE L'ESPRIT — MÉDITATION PIEUSE

La plus grande erreur du christianisme historique vient de ce que la conscience bornée et hostile à la vie prétend que la révélation

---

1 Cf. *Le pangermanisme philosophique*. Préface de Ch. ANDLER.
2 Expression dont l'apocalyptique et millénariste N. TARNOVTSEV s'est servi au cours des réunions religieuses et philosophiques tenues à Pétersbourg en 1903.

est un fait accompli, qu'il n'y a plus rien à attendre, que l'édifice de l'Église est achevé et couvert d'un toit. Le débat religieux porte au fond sur la question de la possibilité d'une nouvelle révélation et d'une nouvelle époque spirituelle. À côté de cette question, toutes les autres n'ont qu'une importance secondaire. La nouvelle révélation ne sera pas du tout le point de départ d'une nouvelle religion, différente du christianisme, mais sera, au contraire, l'accomplissement de la révélation chrétienne, la réalisation de son vrai universalisme. L'universalisme n'existe pas encore. On ne doit pas se contenter d'attendre la révélation les bras croisés. Elle dépend aussi de l'activité créatrice de l'homme. Elle ne sera pas seulement une nouvelle révélation de Dieu à l'homme, mais elle sera aussi une révélation de l'homme à Dieu. Cela veut dire qu'elle sera une révélation à la fois humaine et divine. La séparation et l'opposition du divin et de l'humain seront surmontées dans l'Esprit, sans que soient supprimées les différences qui existent entre eux. Ce sera l'achèvement de la dialectique mystique du divin et de l'humain. Ce sera également la fin de l'objectivation, de la projection de la révélation à l'extérieur, de la conception naïvement réaliste de la révélation. L'expérience ayant pour objet Dieu et l'homme peut être une expérience spirituelle infinie. On pourrait croire que la religion de l'Esprit, car c'est d'elle qu'il s'agit, est une nouvelle forme d'immanentisme. Or, les débats ayant pour objet l'immanentisme et le transcendisme ont perdu tout intérêt actuel. La manière même dont était posée la question était tout à fait fausse, abstraite et étrangère à toute dialectique. De même qu'il n'est pas possible de rompre le lien qui unit l'humain au divin et d'affirmer abstraitement la réalité de l'un d'eux, à l'exclusion de l'autre, de même il est impossible de rompre le lien entre l'immanent et le transcendant et faire de l'un d'eux l'objet d'une affirmation abstraite. La vie authentique résulte des rapports étroits entre ces deux principes, du lien qui les rend pour ainsi dire inséparables. Le transcendant devient immanent, faute de quoi il reste abstrait, sans vie et à la limite de l'objectivation. De même l'immanent ne peut être pensé sans le transcendant, la vie dans l'immanent supposant nécessairement une vie qui transcende. L'immanentisme pur, qui nie le transcendant, est sans issue. En divinisant l'humain et en postulant l'identité de l'humain et du divin, on supprime la vie authentique et son caractère dramatique. Lorsqu'on pense le transcendant uniquement sous l'aspect de l'immanent, le mystère lointain du transcendant disparaît, l'immanent reste sans vie et sans contenu. C'est pourquoi il faut rejeter ce que, dans les débats de jadis, aujourd'hui périmés, on appelait immanentisme. Le Saint-Esprit est un principe d'union de Dieu et de la créature [1], c'est en lui que se dévoilera le mystère, anthropologique et cosmologique, de la création. La religion de l'Esprit, qui sera, elle aussi, une religion de la Trinité, ne ressemblera en rien à la religion de l'Esprit moniste, préconisée par E. v. Hartmann, et qui n'a rien de chrétien [2]. L'avènement d'une nouvelle époque de l'Esprit, qui sera celle des plus hautes réalisations de la spiritualité, suppose un changement de la conscience humaine, une nouvelle orientation de cette conscience, un changement révolutionnaire de celle-ci, qui jusqu'ici avait été conçue statiquement. Selon les degrés de la conscience, les mythes, les légendes et les dogmes changent d'aspect, se présentent sous une lumière qui varie, selon qu'on a réussi à surmonter plus ou moins l'immobilité, la rigidité de la conscience. La religion de l'Esprit sera celle de l'homme devenu majeur, ayant dépassé l'âge de l'enfance et de l'adolescence. Certains traits de cette religion éternelle et n'ayant que l'apparence de la nouveauté, de cette religion chrétienne et trinitaire délivrée de l'esclavage de l'objectivation, se laissent deviner d'ores et déjà. Dans la religion de l'Esprit, dans la religion de la liberté, tout apparaîtra sous un jour nouveau, il n'y aura ni autorité ni sanctions, le cauchemar de l'interprétation judiciaire du christianisme et celui de l'éternel enfer auront disparu. Elle sera à base non de jugement et de sanctions, mais de développement créateur, de transfiguration, d'assimilation à Dieu. Elle donnera lieu à une nouvelle anthropologie et à la reconnaissance du caractère religieux de la créativité humaine. La liberté sera sa principale assise. L'idée de Dieu sera épurée du sociomorphisme servile. L'idée d'un Dieu se suffisant à lui-même et exerçant un pouvoir illimité était encore une survivance de l'idolâtrie de jadis, en partie invaincue. Seule la religion d'un Dieu souffrant, tourmenté par l'aspiration nostalgique à un autre, d'un Dieu sacrifié, est susceptible de vaincre la négation de Dieu et l'athéisme. Il existe, en ce qui concerne la connaissance

---

1 On trouve sur ce sujet des idées intéressantes dans le livre du catholique HENSTENBERG : *Das Band zwischen Gott und Schöpfung.*
2 E. V. HARTMANN : *Die Religion de Geistes.*

de Dieu, un paradoxe hardi qu'il faut avoir le courage d'énoncer : affirmer Dieu, en mettant dans cette affirmation tout son être, c'est prouver qu'il existe : c'est la liberté humaine qui crée Dieu, ce qui signifie que Dieu *est*, que ma création est à la fois humaine et divine. Tout cela impose la réévaluation de l'idée de la Providence qui est l'objet des principales attaques de l'athéisme. La religion de l'Esprit implique l'attente d'une nouvelle sociabilité humaine, rayonnante d'amour et de charité. La religion de l'Esprit implique également l'attente de l'instauration de nouveaux rapports entre l'homme et le cosmos, l'attente d'une transfiguration cosmique. Les rapports exclusivement scientifiques et techniques avec la nature ont provoqué la décomposition du cosmos. Cet état des choses touche à sa fin ; la dissociation de l'atome sera sa dernière phase. Tout cela aboutit au thème eschatologique, à l'eschatologisme actif, mais ne correspond d'aucune façon à une conception optimiste de l'histoire. Nous nous sommes déjà expliqué sur ce sujet. La révélation de la lumière n'équivaut nullement à la négation des ténèbres. Au contraire, avant l'avènement de l'époque de l'Esprit, l'homme devra traverser une époque nocturne, aux ténèbres épaissies. Nous assistons en effet à des événements tragiques : les découvertes de la physique nous montrent une nature sans âme et vide et ont détruit le cosmos ; Marx et le matérialisme historique ont vidé l'histoire de tout contenu vivant ; Freud et la psychanalyse ont fait le vide dans l'âme humaine, et l'ont soustraite à la vie ; la fin de la guerre et la révolution (russe) ont donné lieu aux plus affreuses cruautés, l'humanité est en baisse ; on dirait que le Créateur se retire de la création, qu'il n'y assiste pour ainsi dire qu'incognito (expression favorite de Kierkegaard). Mais tout cela peut être interprété comme un moment dialectique de la révélation de l'Esprit et de la nouvelle vie spirituelle. Il faut mourir, pour revivre. Nous assistons à la crucifixion de l'homme et du monde, mais le dernier mot sera à la Résurrection.

Nous n'entrons pas encore dans l'époque de l'Esprit, mais dans celle des ténèbres. Mais tout au long de l'histoire du christianisme il y a eu des précurseurs de la nouvelle révélation de l'Esprit, et il y en a encore de nos jours. Il y a toujours des hommes inspirés qui devancent le temps. La conception du christianisme comme d'une religion de l'Esprit doit beaucoup aux docteurs orientaux de l'Église, à Origène et à saint Grégoire de Nysse, surtout à ce dernier, dont les idées sur l'homme sont les plus élevées de toutes celles qui ont vu le jour au cours de l'histoire de la pensée chrétienne et dont la spiritualité devance la mystique chrétienne [1]. Très important fut également le mouvement religieux de l'Italie de la fin du XIIe et du commencement du XIIIe siècle, qui avait pour but la recherche du christianisme du Saint-Esprit [2]. Les figures centrales de ce mouvement furent saint François d'Assise, qui se rapprochait le plus du Christ qu'il avait pris pour modèle, et Joachim de Flore qui avait des pressentiments prophétiques, bien que naïvement exprimés. Il y avait déjà quelque chose de nouveau dans les mouvements religieux populaires. Après la Révolution française et les guerres napoléoniennes, des courants apocalyptiques, bien que très vaguement formulés, ont surgi en Europe [3]. Mais c'est le mouvement mystique allemand, né au XIVe siècle et représenté par Eckhardt, Tauler et autres, qui a joué un grand rôle dans la nouvelle orientation de la conscience religieuse. Ce sont Jacob Bœhme et, après lui, Angelus Silesius qui ont exercé sous ce rapport l'influence la plus profonde. La métaphysique idéaliste allemande du commencement du XIXe siècle fut également un grand événement dans l'histoire de l'esprit européen, dans la dialectique de l'humain et du divin, et elle a rendu possible, malgré l'erreur que représentait sa tendance moniste, la formation d'une nouvelle conscience. Mais il y a dans toute la mystique allemande une pente hostile à la conscience eschatologique. C'est en Russie que l'aspiration eschatologique, l'attente d'une nouvelle époque de l'Esprit et la foi en la possibilité d'une révélation définitive ont trouvé leur plus forte expression. En comparant l'un des plus grands saints russes, le saint Séraphin de Sarov et l'un des derniers saints catholiques, le curé d'Ars, Vianey, on est frappé par le fait que le premier aspire exclusivement à la Résurrection, à la transfiguration de toutes les créatures dans le Saint-Esprit, autrement dit toutes ses aspirations sont orientées vers l'avenir, tandis que le curé d'Ars ne pense qu'à la Croix et à la Rédemption. On peut également trouver des tendances apocalyptiques et eschatologiques dans les mouvements religieux populaires russes et dans

---

1 DANIÉLOU : *Platonisme et théologie mystique*. Essai sur la doctrine spirituelle de saint Grégoire de Nysse.
2 Cf. E. GEBHART : *L'Italie mystique*.
3 Cf. VIATTE : *Les sources occultes du Romantisme*, t. II.

la « recherche de la vérité » qui était la préoccupation des intellectuels russes, ainsi qu'aux sommets de la vie religieuse russe. Il faudrait ici citer des noms que j'ai déjà mentionnés à plusieurs reprises, surtout ceux de Dostoïevski, de Vl. Soloviov, de N. Fédorov, et même de Tolstoï, bien que celui-ci reste dans sa recherche de la vérité et de Dieu à l'écart de la pensée orthodoxe. Les mêmes tendances se retrouvent dans les courants philosophiques et religieux du commencement du XXe siècle. Mais c'est le philosophe du messianisme polonais Czieszkowski qui fut un des plus remarquables précurseurs de la religion de l'Esprit [1]. L'idée de cette religion, comme d'une révélation complète et définitive, se trouve exprimée chez lui d'une façon plus claire que chez Vl. Soloviov. Il dépasse le cadre du christianisme historique, tout en conservant le lien avec l'Église catholique. La conservation du lien avec l'Église empêche le mouvement vers la nouvelle révélation de l'Esprit de dégénérer en sectarisme. Et ce lien est particulièrement facile à conserver dans la religion orthodoxe qui possède beaucoup de possibilités potentielles. Dans le camp catholique, ce fut surtout Léon Bloy qui fut l'homme de l'Apocalypse, l'homme chez lequel l'élément prophétique était d'une très grande force ; mais chez ce remarquable écrivain, comme chez beaucoup d'autres d'ailleurs, des survivances des vieilles idées, comme celle du Saint-Empire par exemple, du culte napoléonien, etc., se trouvaient mêlées aux pressentiments prophétiques. Des hommes comme Kierkegaard ont joué un rôle très important, mais indirect. On peut également ranger parmi les précurseurs de la religion de l'Esprit Ch. Péguy [2]. Mais parmi les précurseurs de la religion de l'Esprit, il faut compter non seulement ceux qui se proclament ouvertement chrétiens, mais aussi ceux qui ne sont pas chrétiens et se considèrent même comme des antichrétiens. C'est que même la lutte contre Dieu peut être une manière de servir Dieu, et l'attitude hostile envers Dieu peut être plus religieuse que la tiédeur ou l'indifférence. Ce sont l'expérience tragique et l'activité créatrice de l'homme qui préparent le nouveau terrain. On ne peut pas dire des précurseurs de la religion du Saint-Esprit qu'ils étaient des hommes pieux, au sens traditionnel de ce mot. L'avènement de Nietzsche fut un grand et très impor-

1 Voir son ouvrage déjà cité : *Notre Père* (4 vol.).
2 Sur Péguy on trouvera des matériaux très abondants dans l'ouvrage de Romain ROLLAND : *Péguy*.

tant moment de la dialectique du divin et de l'humain qui doit se dérouler jusqu'au bout, pour que devienne possible la réalisation d'une nouvelle époque. Non moins importante est la place que la conscience messianique occupe dans le socialisme, bien qu'elle y soit encore associée à l'athéisme. Parmi les grands écrivains du XIXᵉ siècle, il faut citer Ibsen chez lequel l'élément prophétique joue un grand rôle et chez lequel on trouve de fréquentes allusions au Troisième Règne, au Règne de l'Esprit. Il est impossible de fixer rationnellement la limite qui sépare le Saint-Esprit de l'Esprit tout court. Ce qu'on rattache uniquement à l'Esprit peut aussi avoir des rapports avec le Saint-Esprit dont l'action dans le monde est universelle. Dieu peut ne pas être là où on voudrait le voir et il peut être là où on renonce à le voir. La présence de Dieu dans le monde est une présence mystérieuse et impossible à préciser. Tout aussi impossibles à préciser sont les limites de l'Église. C'est seulement dans un but de domination et de puissance à exercer qu'on croit possible de les fixer. La politique est la force la plus fatale de la vie humaine, c'est elle qui a vicié la vie religieuse et rendu sanglante l'histoire de l'Église. L'époque de l'Esprit n'admettra pas que la politique exerce un pouvoir sur la vie de l'Esprit.

Il y eut, dans l'histoire humaine, une très longue période pendant laquelle la conscience était stabilisée, paraissait immobile et invariable. A cette conscience correspondait un certain état du monde, qui était considéré comme la seule réalité. La foi, qui est une aperception de choses invisibles, était orientée vers un monde différent de celui qui correspondait à la structure de la conscience normale de l'homme moyen. La philosophie spiritualiste traditionnelle, la philosophie d'Ecole, abstraite, reconnaissait la nature spirituelle de l'âme humaine. Mais ceci n'ouvrait pas de nouveaux horizons, de nouvelles perspectives, ne faisait pas entrevoir l'existence d'un autre monde, ne favorisait pas l'expérience spirituelle. Tout continuait à se dérouler dans les limites établies, dans l'ordre de l'objectivation de l'Esprit, dans l'opposition du sujet et de l'objet. Mais l'objectivation de l'Esprit, son auto-aliénation et son autoprojection à l'extérieur : tel est justement le principal obstacle qui s'oppose à une nouvelle expansion du Saint-Esprit dans le monde. La reconnaissance de l'Esprit objectif, ce qui équivaut à une objectivation de l'Esprit, oppose le plus grand obstacle à l'avènement d'une nouvelle spiritualité, d'une nouvelle époque de l'Esprit. L'école philosophique et religieuse de l'Inde croyait à la possibilité d'un changement de la conscience ; sa conception de la conscience était dynamique, et l'occultisme s'en rapproche sur ce point. Mais cette école n'avait aucune idée du dynamisme de l'histoire, alors que l'Europe chrétienne, où le dynamisme de l'histoire était très grand, n'avait aucune idée du dynamisme de la conscience : on concevait en effet celle-ci comme statique, ce qui eut pour effet la croyance à l'invariabilité de la nature humaine. La conception hindoue du dynamisme de la conscience ne saurait nous satisfaire à cause du monisme de la pensée hindoue, qui était incompatible avec la reconnaissance du principe humain, et c'est seulement dans le christianisme que ce principe devait trouver sa pleine consécration et son plein développement [1]. À la nouvelle époque de l'Esprit, à la nouvelle révélation finale, correspondra également une nouvelle structure de la conscience humaine, et ce changement de structure de la conscience peut être préparé par des efforts spirituels. Les objectivations correspondaient aux degrés de la conscience. Dans le processus de la révélation, ce qui devait se révéler comme venant de l'intérieur, des profondeurs apparaissait comme venant de l'extérieur et d'en haut. L'objectivation équivaut toujours à une rupture et à un dédoublement, à ce que Hegel appelait la conscience malheureuse. La nouvelle révélation du Saint-Esprit marquera la fin de l'aliénation et de l'objectivation non seulement dans la pensée, mais aussi dans la vie elle-même, dans l'expérience spirituelle et vitale ; ce sera un mouvement en profondeur. La conscience deviendra superconscience et on se trouvera transporté dans un monde situé au delà de la division en sujet et objet. Le monde phénoménal durci et pétrifié se trouvera ébranlé et illuminé davantage par les rayons du monde nouménal. La religion œcuménique est la religion de l'Esprit, une religion débarrassée des alluvions paralysantes et asservissantes, une religion de la révélation et de la libération complètes. C'est ce qui constitue l'Évangile Eternel. L'homme est un être mixte. Il est une union de la créature et du Créateur, il réunit en lui la matière, le non-sens, le chaos, et il possède en même temps un pouvoir de création qui lui permet de réaliser des images de choses nouvelles. Ce qui se crée

1 Voir le livre récemment paru d'O. LEOMBRE : *L'Absolu selon le Vedânta. Les notions de Brahman et d'Atman dans les systèmes de Çankara et de Rômônoaja.*

dans le monde constitue comme le huitième jour de la Création. L'homme crée une vie vraiment nouvelle, non en se posant des fins extérieures, pour la réalisation desquelles il accepte et même est obligé de se servir des moyens illicites et condamnables, mais en mettant en œuvre l'énergie créatrice et transfigurante qui lui vient de la Grâce. La nouvelle vie, la nouvelle époque de l'Esprit suppose un changement total de l'homme, et non seulement un changement de telles ou telles de ses parties. Il s'agit d'un changement à la fois moral, intellectuel et esthétique, en même temps que social. Il s'agit avant tout d'un renouvellement des âmes. La vie n'aura pas uniquement un côté religieux, ecclésiastique, mais toute la vie sera religieuse. C'est seulement du point de vue spirituel que l'homme est un être indépendant, mais biologiquement et socialement il dépend de la nature et de la société. C'est pourquoi tout mouvement social non accompagné d'un mouvement spirituel est un mouvement impuissant et ne peut aboutir qu'à la résurrection de l'ancien, mais habillé de neuf.

L'Apocalypse présente sous une forme symbolique la marche destructrice du mal. Ce qui ne veut pas dire qu'il faille interpréter l'Apocalypse comme si les terribles conséquences du processus cosmique qu'il annonce étaient fatales, inéluctables. Cela équivaudrait à la négation complète de la liberté. Seul est fatal le chemin du Mal. Quant au chemin du Bien, il est le chemin de la liberté, grâce à laquelle l'homme participe à la création du monde. Du point de vue de la révélation de l'Esprit, la fin apocalyptique apparaît sous un jour tout à fait différent. L'Apocalypse du christianisme historique présente les destinées finales de l'humanité sous l'aspect d'une rupture définitive entre l'humain et le divin, sous l'aspect de ce que Hegel appelle la « conscience malheureuse ». L'Apocalypse de la religion de l'Esprit, au contraire, présente les destinées finales de l'humanité sous l'aspect d'une œuvre créatrice, issue de la collaboration de l'homme et de Dieu, d'une œuvre à la fois divine et humaine. La fin positive, celle qui doit tout résoudre, dépend aussi bien de l'homme que de Dieu. La fatalité peut être vaincue par la liberté. Le processus historique se dédouble, et ses résultats peuvent être jugés à un double point de vue. Mais si sa fin ne comportait rien de positif, on pourrait dire que la création du monde a été un échec. L'Apocalypse contient une prophétie relative au royaume millénaire, qui symbolise le résultat positif du processus cosmique. Mais l'Église historique a peur du millénarisme et le passe sous silence. Ce symbolisme dévoilera sa signification lors de la révélation définitive de l'Esprit. Dans le christianisme historique, l'idée du royaume millénaire est restée une idée morte et abstraite. Elle ne devenait vivante et concrète que dans les mouvements sociaux, d'origine en apparence non-chrétienne. Si les conséquences négatives du processus historique universel doivent disparaître par le feu, on peut se faire de ses conséquences positives une idée concrète comme d'une vie communautaire rétablie dans toute sa plénitude, comme d'un communautarisme à base de liberté. Si la vie humaine prenait la forme d'une vie complètement organisée, mécanisée et rationalisée, d'une vie de masses et non de peuples, si elle était répartie en catégories, tout en étant totalitaire, cela équivaudrait à la disparition des derniers restes de liberté, c'est-à-dire de l'esprit et de la spiritualité, car l'esprit, c'est la liberté. Le libre communautarisme ne peut être l'effet que d'un mouvement à la fois spirituel et social, c'est-à-dire d'un mouvement dans lequel il n'y aura pas séparation, et encore moins opposition, entre le spirituel et le social. L'incarnation et la vie terrestre de Jésus-Christ représentent une pénétration réciproque de deux natures, la main de Dieu s'étant abaissée sur l'Elu. C'est seulement dans la Résurrection que Jésus s'élève à une hauteur infinie. Ce qui s'est produit d'une façon individuelle dans l'Homme-Dieu doit se produire dans Dieu-Humanité (théoandrisme). Et ce sera la troisième révélation de l'Esprit. Il est impossible de se résigner à l'idée que l'essor de la vitalité créatrice, l'expérience extatique de l'instant de joie lumineuse, d'amour créateur et de délivrance puissent disparaître à jamais, sans laisser de traces. A la fin de la révélation il y a l'Infinité, non la mauvaise Infinité qui ne connaît pas de fin, mais la bonne Infinité, qui est celle de l'Eternité. Il y aura dans le futur des ténèbres et des souffrances, mais il y aura aussi une lumière encore jamais vue, il y aura apparition d'un homme nouveau, d'une société nouvelle, d'un cosmos nouveau. Ce sera l'accomplissement de la dialectique mystique du Trinitarisme. Le pneumocentrisme se trouve déjà dans l'Évangile. Tout arrive dans l'Esprit et par l'Esprit. À partir d'un certain moment, ce pneumocentrisme ne fera que s'accentuer. L'Esprit se trouvait étouffé dans le christianisme historique, et l'histoire suivait une direction contraire au christianisme. Ce fut le passage par la phase de la rupture entre le divin et l'humain. A la fin de cette phrase, ce sera la mort qui précède la Résurrection, l'avènement à une vie nouvelle. Une angoisse terrible s'emparera de l'humanité. Mais le temps se rétrécira, et la fin du temps viendra. L'Église qui commence à faire l'effet d'un corps impuissant, d'où l'Esprit s'est retiré, apparaîtra telle qu'elle est dans son essence éternelle : animée de l'Esprit prophétique. Ce sera l'Église telle que la décrit saint Jean et dont la religion orthodoxe se rapproche le plus. Un apocalyptique russe a dit qu'il y avait dans l'Orthodoxie russe une grande patience eschatologique, mais aussi une grande attente eschatologique. Toutes les créations positives qui étaient considérées comme extérieures à l'Église, et même contraires à l'Église, entreront dans l'Église du Saint-Esprit. Le problème eschatologique est le dernier problème de la dialectique de l'humain et du divin.

Chapitre XIV
LA FIN DES CHOSES ET LE NOUVEL ÉON

Toutes les idées que nous avons formulées dans ce livre convergent vers le problème de la fin, qui est bien un problème parmi beaucoup d'autres, mais qui est aussi le problème principal et d'une portée universelle. « Thèse : Le monde a eu un commencement dans le temps et est enfermé dans les limites de l'espace. » « Antithèse : Le monde n'a ni commencement dans le temps ni limites dans l'espace ; il est infini aussi bien dans le temps que dans l'espace [1]. » C'est là une des antinomies de la raison pure et de la géniale dialectique transcendantale de Kant. Cette antinomie m'intéresse surtout au point de vue de la question du temps, car elle peut être appliquée au problème apocalyptique de la fin du temps. Les antinomies de Kant ne peuvent être résolues, « supprimées » (*aufgehoben*, pour nous servir de la terminologie de Hegel). La raison se trouve sous la dépendance de l'apparence (*Schein*) transcendantale. Kant a raison de dire que les antinomies ne peuvent être

---

1 KANT : *Kritik der reinen Vernunft. Die Antinomie der reinen Vernunft. Erster Widerstreit der transcendentalen Ideen.*

résolues dans les limites du monde phénoménal. Pour ce qui est du problème qui nous intéresse, on n'a pas plus de raisons de penser que le monde existera dans le temps en toute éternité que de penser que son existence dans le temps aura une fin. Kant ignore les développements qui découlent des contradictions. Tout autre est la dialectique de Hegel. Chez lui, les antinomies se résolvent à la faveur d'un développement dialectique. La thèse et l'antithèse se résolvent dans la synthèse. Ce sont les contradictions qui donnent naissance aux développements. Ce fut là une grande découverte de Hegel. L'unité de l'Etre et du Néant donne naissance au devenir, au développement. Le développement dans le monde suppose le Néant. Mais Hegel n'admet pas une fin, et on ne trouve pas chez lui d'eschatologie proprement dite. La dialectique du Fini et de l'Infini est d'un bout à l'autre une dialectique de résolution, et non d'achèvement, d'accomplissement. C'est pourquoi il a pu aboutir à une conclusion aussi scandaleuse que l'absolutisation de l'État prussien. Les deux plus grands génies philosophiques de l'Europe n'ont pas réussi à conduire jusqu'au terme la dialectique des contradictions, parce qu'ils ont été incapables de deviner la fin des choses, dont l'évidence découle de l'expérience religieuse prophétique, et que cette expérience était étrangère aussi bien à Kant qu'à Hegel. La vérité entrevue par Kant et par Hegel est une vérité partielle qui nous aide à conférer un sens philosophique au problème de la fin du monde et de l'histoire, alors que ce problème n'a été formulé jusqu'ici que dans des termes religieux [1]. Il serait inexact de dire que la dialectique de Hegel est purement logique. Du fait qu'elle reconnaît l'identité de la pensée et de l'être, la dialectique logique devient une dialectique de l'être ou, pour nous servir d'un terme très en faveur dans certains mouvements philosophiques de nos jours, une dialectique « existentielle [2] ». C'est par cette dialectique que Hegel arrive à sa théorie du maître et de l'esclave et à celle de la conscience malheureuse. Nous ne reconnaissons pas l'identité de la pensée et de l'être, et c'est pourquoi notre dialectique a un caractère différent par lequel elle se rattache à l'expérience religieuse. Le paradoxe réside dans le fait qu'en l'absence d'une perspective de

---

1 Voir mon livre : *Création et objectivation.*
2 C'est en ce sens que l'interprètent WAHL et Netty NADLER, cette dernière dans le livre : *Der dialektische Widerspruch in Hegel's Philosophie und das Paradox des Christentums.*

fin, tout devient fini. L'éternité ne se révèle qu'à travers la perspective d'une fin, et la dialectique des antinomies est insoluble dans les limites de notre éon cosmique, qui se trouve sous le signe de l'objectivation. Sur ce point, Kant a davantage raison que Hegel. Mais Hegel a davantage raison que Kant, lorsqu'il voit dans la contradiction une condition du développement, bien que ce soit un développement qui n'aboutit à aucune solution. La contradiction paradoxale consiste en ce qu'on pense la fin du temps, la fin de l'histoire, et cela dans le temps même. C'est ce qui rend si difficile l'interprétation de l'Apocalypse. On ne peut penser la fin de l'histoire ni comme devant se produire dans les limites de notre temps corrompu, c'est-à-dire comme un événement d'en-deçà, ni comme devant se produire comme un événement d'au-delà. La fin suppose qu'ont été surmontés aussi bien le temps cosmique que le temps historique. Il n'y aura plus de temps ; ce sera, non la fin *dans* le temps, mais la fin *du* temps. Mais le temps existentiel, ayant ses racines dans l'éternité, subsistera, et c'est dans ce temps-ci que se produira la fin des choses. Ce sera l'entrée dans un nouvel éon. Ce ne sera pas encore l'éternité qu'on cherchera également à objectiver. La limite tranchée qui sépare l'en-deçà de l'au-delà sera effacée. Le paradoxe du temps consiste encore dans la possibilité d'une coïncidence du passé et du futur, du commencement et de la fin. Le problème eschatologique est le problème métaphysique fondamental. Les philosophes ne lui ont prêté que peu d'attention, autant dire aucune, et cela parce qu'ils opéraient une séparation entre la connaissance philosophique et l'expérience religieuse, séparation qui leur a été dictée par une fausse compréhension de l'autonomie de la connaissance. Le monde doit avoir une fin ; l'histoire doit avoir une fin. Penser le contraire, c'est penser un nonsens. La fin marque le triomphe du sens, elle réalise l'union du divin et de l'humain, l'achèvement eschatologique de la dialectique existentielle du divin et de l'humain. Nous devons entrer, et nous commençons peut-être déjà à le faire, dans le temps de la fin qui sera d'une durée imprévisible et indéterminable.

Du point de vue philosophique, la fin du monde et de l'histoire est avant tout une victoire sur l'objectivation, c'est-à-dire sur l'état d'aliénation de l'homme par rapport au monde, sur la nécessité, l'impersonnalité, l'hostilité. C'est la formation d'un monde d'objets qui est la source de tous les malheurs de l'homme, car tout objet m'est étranger et intolérable [1]. Hegel expliquait, lui aussi, la conscience malheureuse par les rapports avec l'objet, par le dédoublement et la rupture. La conscience est toujours un dédoublement et une rupture, elle suppose une opposition entre le sujet et l'objet, et c'est ce qui la rend malheureuse. La suppression du dédoublement et de la rupture, la délivrance de la servile soumission au monde des objets, constituent ce qu'on peut appeler l'éveil de la superconscience, de la conscience supérieure. L'objectivation a toujours pour conséquence un refroidissement de la flamme créatrice. Il y a dans l'histoire un développement refroidissant. C'est ce que Péguy a appelé le « politique », qu'il distinguait du « mystique ». L'histoire des couvents, des révolutions, des colonies communistes, des tolstoïens, des doukhobors, le sort de l'amour (« seul est beau le matin de l'amour »), le sort posthume des hommes de génie : tout cela fait partie de l'objectivation refroidissante. Ce n'est pas de cette objectivation qu'on peut attendre la solution finale de l'histoire universelle. La civilisation classique voulait immobiliser le monde, le rendre fixe et rigide, alors que le monde doit constamment se fondre dans le feu. « Je suis venu jeter un feu sur la terre, et qu'ai-je à désirer s'il est déjà allumé ? » Ces paroles ont été oubliées dans le christianisme objectivé, refroidi. L'homme se trouve comme écrasé entre deux mauvais Infinis et voudrait faire en sorte de ne pas sentir le tragique de cette situation. Le vide des espaces infinis effrayait Pascal ; mais non moins effrayante est l'infinité du temps dans le passé et dans l'avenir. Cette double mauvaise Infinité trouve son expression dans une existence projetée à l'extérieur, c'est-à-dire dans une existence objectivée, de plus en plus séparée du noyau nouménal. L'homme mécontent du présent évoque le souvenir d'un âge d'or, relégué dans le passé, ou s'abandonne à l'attente d'un âge d'or à venir. L'homme est capable de se représenter une vie meilleure, plus belle, plus juste et plus véridique que celle dans laquelle il croupit. Mais où puise-t-il la force pour édifier ce

1 La philosophie à la mode dont Sartre est un défenseur de talent est très caractéristique de notre époque, ses partisans n'étant au fond qu'esclaves de l'objectivité, du monde des choses, des phénomènes, c'est-à-dire d'un monde n'ayant aucune réalité en soi. On énonce une vérité profonde, en disant que la réalité dépend de l'activité créatrice de l'homme. Mais Sartre voudrait se persuader qu'au delà des apparences il n'y a aucun mystère. Voir son livre : *L'Etre et le Néant*, et mon ouvrage : *Le moi et le monde des objets*.

monde dans son imagination ? Ce n'est d'ailleurs pas par la force de l'imagination qu'il pourra vaincre la puissance du temps, puissance fatale qui subsiste même dans l'âge d'or dont lui parle son imagination, l'homme matérialisant le règne millénaire. L'idée prophétique du royaume millénaire était étrangère à saint Augustin, pour lequel ce royaume était déjà réalisé dans l'Église historique. Il n'a donc pas réussi à se soustraire au pouvoir de l'objectivation. Mais le christianisme historique doit fatalement prendre fin, pour céder la place au christianisme eschatologique. C'est de l'avenir que viennent les rayons de lumière. L'avenir final viendra se rattacher aux sources du passé. La révélation présente trois stades : révélation dans la nature, révélation dans l'histoire et révélation eschatologique. C'est dans cette dernière que Dieu se révèle définitivement et dans toute sa plénitude. Cette dernière phase est précédée d'une rupture avec Dieu, d'un état d'angoisse, d'une mécanisation de la nature devant laquelle on éprouve un sentiment de vide, d'une mécanisation et d'une sécularisation de l'histoire et du passage par l'athéisme. La révélation eschatologique est la révélation dans l'Esprit et dans la Vérité, une révélation éternelle. Un conflit tragique se déroulera entre le monde et la Vérité, mais la Vérité pure, non déformée, non viciée réduira le monde en cendres. Le but consiste à rétablir l'intégralité, à mettre fin au dédoublement, à la fausse autonomie des idées, des rêves, des passions, des émotions, des désirs. La souffrance peut affecter les parties déchirées de l'âme, et ne pas affecter les autres. Et c'est justement parce que la souffrance n'affecte pas l'âme tout entière, que l'homme peut subsister, mais d'une existence malheureuse. L'histoire universelle rappelle non seulement une tragédie, mais aussi une comédie. Et une comédie se termine toujours de la même façon. Il s'agit là de l'échec fatal de l'histoire, dont nous avons déjà parlé. Toutes les tentatives de créer une nouvelle vie, soit dans le christianisme historique, soit par des révolutions sociales, par la fondation de sectes, etc., ont abouti à l'objectivation, se sont terminées par une adaptation au quotidien, par le rétablissement du vieux sous des formes nouvelles : inégalité, amour du pouvoir, luxe, dissidences, etc. La vie de notre éon n'est qu'épreuve et chemin, mais une épreuve ayant un sens, et un chemin qui conduit à l'accomplissement. La vie de l'homme deviendrait plus facile, s'il prenait conscience de tout l'Inconnu qui ne s'est pas encore manifesté : révélation non seulement du Saint-Esprit, mais aussi d'un homme nouveau et d'un nouveau cosmos.

Il y a une eschatologie active et une eschatologie passive. Dans la plupart des cas, les tendances apocalyptiques ont donné lieu à une attente passive de la fin, à une renonciation aux tâches historiques. Nous en avons un exemple dans *la Nouvelle de l'Antéchrist* de Vl. Soloviov. Le temps apocalyptique est interprété comme imposant l'attente de l'action et la réception passive des effets de l'action des forces divines et diaboliques. Cela témoigne d'un état d'esprit que l'homme a hérité de la chute originelle. Mais il y a aussi une eschatologie active. Il suffira que l'homme prenne conscience de lui-même, de sa dignité et de son libre esprit, pour que se trouve renforcée et stimulée son activité créatrice du temps final, qu'il faut entendre non au sens de quelque chose de négatif et de passif, mais à celui d'activité créatrice ou de création active. J'ai déjà dit que tout acte de création humain est un acte eschatologique, un acte qui contribue à hâter la fin de ce monde. Il y a plusieurs manières de se représenter et de comprendre la fin, selon qu'on l'envisage du point de vue du christianisme historique ou de celui de la pleine et complète révélation de l'Esprit. Dans ce dernier cas, l'homme est un sujet, un sujet créateur, et non un objet. La conscience historique ne s'est jamais bien rendu compte du fait que du jour où tous les hommes seront devenus des chrétiens parfaits, parfaitement chastes ou moines, le genre humain cessera d'exister. C'est à ce propos qu'apparaît la profondeur eschatologique du problème du sexe. On se plaît à répéter que le but du mariage consiste dans la procréation d'enfants, laquelle serait le bien suprême. Mais on pense en même temps que ce bien suprême a pour source ce qui est considéré comme mauvais et comme un péché. Rosanov a dénoncé avec force l'hypocrisie qui règne sur ce point. Kierkegaard et Soloviov furent les seuls à proclamer que c'est la procréation comme telle qui est chose mauvaise et péché. La métaphysique du sexe se rattache directement au problème de la fin. Au moment de la fin un changement se produira dans la vie sexuelle, cette vie devant être transfigurée, après avoir été plongée dans les ténèbres et dans une perversion dissolvante. C'est l'amour qui pourra opérer cette transfiguration de la vieille vie sexuelle et orienter l'énergie du sexe, dont l'homme est actuellement esclave, vers des œuvres créatrices. Nous connaissons des exemples de ces conversions d'énergies. C'est l'amour, l'amour créateur et transfigurant, qui jouera le rôle principal dans la religion de l'Esprit, dans la religion de la Fin ; et non seulement l'amour-Eros, mais aussi l'amour-agapé. Mais avant d'entrer dans l'époque supérieure et de parvenir à l'Unité, l'homme aura à parcourir tout le chemin du dédoublement et de souffrances à peine supportables. Il ne faut jamais oublier qu'au terme de son chemin Jésus s'est écrié : « Mon Dieu, mon Dieu, pourquoi m'as-tu abandonné ? » C'est un homme, Nietzsche, qui, au terme d'un long chemin historique, a également éprouvé le sentiment d'abandon. Le processus du monde a un caractère tragique, il ne représente pas une progression ininterrompue. Les mauvais résultats de ce processus, tout en pouvant s'accumuler, sont rejetés dans le non-être, mais les hommes, en tant qu'êtres vivants, ne peuvent pas subir le même sort. La seule chose qui mérite les châtiments éternels de l'enfer, c'est la défense trop insistante de ces châtiments, qui s'accompagne d'un sentiment de satisfaction. La plus haute vérité morale et religieuse dont l'homme doit chercher à se pénétrer est que le salut individuel est impossible. Mon salut suppose celui des autres, celui de mes prochains, le salut universel, le salut du monde entier, la transfiguration du monde. L'idée même de salut est née de l'état d'oppression de l'homme et est en rapport avec la conception judiciaire du christianisme. Elle doit faire place à l'idée de transfiguration, d'illumination créatrice, à l'idée de perfection de la vie. « Je crée toujours du nouveau. » Et ce n'est pas seulement Dieu qui crée, mais aussi l'homme. L'époque de la fin ne sera pas seulement une époque de destruction, mais aussi une époque de création, à la fois humaine et divine, d'une vie nouvelle et d'un monde nouveau. L'Église du Nouveau Testament fut une image symbolique de l'Église éternelle de l'Esprit. C'est l'Évangile éternel qui sera lu dans l'Église de l'Esprit. Quand nous serons proches de l'éternel royaume de l'Esprit, les contradictions douloureuses de la vie seront résolues, et les souffrances qui se seront aggravées vers la fin se transformeront en leur contraire, c'est-à-dire en joies, et cela sera vrai non seulement pour l'avenir, mais aussi pour le passé, car il y aura un renversement du temps et tous les vivants participeront à la fin.

ISBN : 9782379760921